负责之道

曾仕强 | 著

北京联合出版公司
Beijing United Publishing Co.,Ltd.

图书在版编目（CIP）数据

负责之道 / 曾仕强著 . -- 北京：北京联合出版公司，2023.9

ISBN 978-7-5596-6998-8

Ⅰ.①负… Ⅱ.①曾… Ⅲ.①企业管理—通俗读物 Ⅳ.① F272-49

中国国家版本馆 CIP 数据核字（2023）第 111269 号

负责之道

作　　者：曾仕强
出 品 人：赵红仕
选题策划：北京时代光华图书有限公司
责任编辑：徐　樟
特约编辑：王萌萌
封面设计：新艺书文化

北京联合出版公司出版
（北京市西城区德外大街 83 号楼 9 层　　100088）
北京时代光华图书有限公司发行
文畅阁印刷有限公司印刷　　新华书店经销
字数 183 千字　　787 毫米 ×1092 毫米　　1/16　　15.25 印张
2023 年 9 月第 1 版　　2023 年 9 月第 1 次印刷
ISBN 978-7-5596-6998-8
定价：68.00 元

版权所有，侵权必究
未经书面许可，不得以任何方式转载、复制、翻印本书部分或全部内容。
本书若有质量问题，请与本社图书销售中心联系调换。电话：010-82894445

序

我们曾经将西方式管理的三大主轴——目标管理、内部竞争与绩效考核奉为管理的金科玉律,并且全力推行。但是没过多久,我们就发现这三者不但不合国情,给企业上下造成很大的伤害,而且行之日久,很可能违背人性,破坏中华文化,使管理者陷于孤家寡人的孤单寂寞境地。

人生的价值,如果不幸因事业成功而贬损,确实是人生的一大损失。

其实目标管理是人类自古以来就存在的东西。从维持生计开始,人们就知道选定目标,采集食物以填饱肚子。而内部竞争,则实在不如一家人互助互惠来得和谐愉快。至于绩效考核,人们也一直没能找到一个大家都认为合理有效的办法。大家在贫困中度日、有工作做能够维持生计而不计较其他的时候,什么管理方式都可以接受,并且保证其行之有效。

美国式管理曾备受推崇,受到大家的热烈欢迎。但是由于中国人的性格能屈也能伸，一旦有饭吃了他就不那么听话，即表面上没有意见，肚子里却自有盘算，因此实施中国式管理的需求也日益迫切。如果说我们的管理从现在才开始，似乎并不过分。目前，倡导中国式管理的呼声日渐高涨，足见具有中国特色的管理才是大家共同企盼的管理方式。我相信随着中国经济的不断发展，中国式管理在不久的将来会成为全世界瞩目的管理主流。

中国人最可贵也最可爱的特性，就在于我们善于做出阶段性的调整。一方面，我们具有适时反省、及时改变、继旧开新的良好习惯。每隔一段时间，我们就会对自己、家庭、社会、国家和世界做出深刻的反省，并且慎选对策，以谋求及时调整，做出合理的改变。另一方面，我们又不忘根本，饮水也会思源，从以往的方法中探索出一条新道路，有如老树生新枝一般。持续中有变化，变化中有持续，既可以收到现代化的功效，也能够继承中华民族悠久的文化传统。

前言

有人说成功的管理不分什么美国式、中国式、日本式，意思就是说成功的管理可以创造高效益，这才是大家追求的目标，至于这种管理是属于中国式、日本式还是美国式，根本就用不着去管它。换句话说，采用哪种方式并不重要，管理有效，能够带来成功的果实，那才重要。

实际上，管理可以分成两个不同的层面：一是管理哲学，一是管理科学。

由于科学没有国界，全世界都通用，因此从管理科学的层面来看，根本就不存在什么中国式、美国式、日本式的差异，所以也就用不着说什么中国式、美国式和日本式的，它们事实上并不存在。

然而，管理哲学就明显地带有地区性的差异。我们喜欢比较闽商、浙商、晋商、徽商和鲁商的不同，便是从哲学层面着眼，而不是仅从科学层面来加以剖析。

任何一家公司，如果有企业文化的话，并不是在科学方面有哪些特色，其主要表现仍然是哲学层面上的运作。站在管理哲学的立场，不但中国式、美国式、日本式存在差异，闽商、浙商、晋商、徽商和鲁商也有差异。再推而广之，可以说每一家公司的管理多少都有一些不一样的地方。尽管各家公司所采取的科学原则和精神完全一致，实际运作起来却仍免不了有相当大的差异，这是一个不容否认的事实。

中国式管理在科学层面和美国式、日本式大致相同，因为世界上只有一种管理科学，不会有分支。但是中国式管理在哲学层面就和美国式、日本式有着很大的差异，和德国式、英国式、俄国式以及意大利式、阿拉伯式相比，也有很大的不同。

然而，在管理科学的发展过程中，管理哲学却被逐渐忽视。

但是，真正的高明人士在对管理有了更深刻的体会之后，必然肯定管理哲学的价值，不但不敢否认，而且不敢不重视。唯有重视管理哲学的企业人士，才知道高效益并不等于高价值的道理，他们知道只有在追求高效益的同时，用心追求高价值，才能够创造出真正成功的管理。

现在我们应该非常清楚：在中国社会，只有把中国管理哲学运用在具体管理上，使得现代化管理科学在现实中表现得十分有效，才有资格称为中国式管理，也就是中国社会成功的管理。这当中包含中国管理哲学和现代管理科学在内，二者缺一不可，偏向哪一层面，都不可能获得成功。

同理，在美国社会中取得成功的管理，也必然是现代管理科学配合美国文化的产物，其中含有浓厚的美国文化，所以我们在中国社会运用起来更应该小心翼翼，并把中华文化融合进去。只有使现代管理具有中国特色，才能使其在中国企业开花结果，成为成功的管理。

日本式管理也是在日本社会把日本文化融入现代管理科学中所产

生的一种成功的管理模式。若干人既不求甚解，又喜欢望文生义，以致对中国式管理产生误解，实属不幸。

有人问起：有哪些公司是靠实施中国式管理获得成功的？作者研究中国民族性这么多年，当然不会轻易上当，说出答案。因为中国人一向具有"自己说的算，别人说的都不算"的唯我独尊气概——只有当事人承认才能算数，别人说的都不能代表，反而愈说得真实，愈要加以否认。因此作者采取中国特色的回答："请问在中国各地有哪些公司不是实施中国式管理却能够成功的？"

相信没有一家公司敢公开承认，自己不是靠实施中国式管理，而是靠实践某一其他国家的管理模式获得成功的。

美国式管理在20世纪50年代创造了辉煌的成果，以至闻名于世。20世纪70年代，日本公司异军突起，日本式管理创造的经济奇迹，使美国人既心惊胆战，又羡慕不已。我想在21世纪，将是中国经济实力得以展现的时候。到那时，中国式管理的辉煌成果就会使得更多的中国企业坦承自己是中国式管理的成功者。届时，中国式管理的特性也将充分展现。

中国式管理的特性表现在许多方面，只要用心考察，很快就会看出端倪。譬如领导重于管理，而不是过度管理缺乏领导；实行分层负责，而不可能真正做到分层授权；不把人力当做资源看待，而是将人员看成运用各种资源的主体。将组织人员发展来代替人力资源管理，是我们的期望。高层主管以道家学说为主，所重在无；中层干部以儒家学说为主，所重在能；而基层主管则以墨家学说为主，所重在有。

某些高层主管私底下询问："这么大的公司，怎么可能无为而治呢？"意思是说，小规模组织事务简单，当然可以无为，如今面对庞大的组织，事务繁多，要无为而治，好像很难做到。我们依管理幅度来看，一个人的能力、时间、精力都十分有限，故其能够亲自管辖的事务也就受到很多的限制。一个人要想事必躬亲，在小规模组织中还有可能，一旦组织规模庞大，事务繁杂，就必须借助领导班子的团队管理方式，而自己则退居无为的位置，这样才能达成无不为的功效。

领导口中说一定要分层授权，心里头则要求大家分层负责。这并不是口是心非，或是表面上说得好听，而是尊重大家，因为有些事不方便明说，以顾全大家的面子。试想，领导的责任在于决策，有些事情自己还没有弄清楚，便授权给干部，请问如何做好决策？无为的意思，是大小事情都必须知道，但是什么事情都不要具体去管。只要领导知道有这件事情，干部自然会好好去办，急什么？领导不插手，干部就要负起完全责任；领导知道，干部便会尽心尽力去做。

实际上，中国式管理同样非常重视基层员工，因为只有对大家真诚关怀，给予相当的尊重，使组织中各个阶层都由于基础稳固牢靠而获得安宁，才能使企业上下同心协力，达成目标。

目录

第一篇　领导比管理更重要

第一章　当管理者遇到领导　/011
中国企业组织的三阶层　/013
管理者与领导者　/016

第二章　过度管理，缺乏领导　/025
领导不是管理的一部分　/027
过分重视管理会带来制度危害　/028
协调制度与弹性　/036

第三章　沟通不如好好商量　/041
管理侧重沟通，领导侧重好好商量　/043
中国人的沟而不通　/048
沟通与商量的差异　/050

第四章 创新先求降低风险 / 055

以管理求创新容易招致失败 / 057
领导者创新强调以不变应万变 / 063
创新方式因民族性不同而不同 / 065

第二篇 分层负责比分层授权更好

第五章 分层授权可以无为而治 / 077

组织中的权责利 / 079
分层授权的好处 / 086

第六章 分层授权容易导致权力失控 / 091

争权夺利、弄权与滥用职权 / 093
分层授权的弊端 / 097

第七章 用分层负责代替分层授权 / 103

什么是分层负责 / 105
分层负责表的作用 / 108
薪水要根据责任大小确定 / 109

第八章 部属接受授权的艺术 / 113

让领导放心授权 / 115
学会做功臣 / 120

第九章 主管授权后应不定期抽查 / 123

为什么要进行不定期抽查 / 125
主管不定期抽查的步骤 / 128

第十章　上下有默契的授权 / 131

授权要慎始善终 / 133
允许上下有默契的不成文授权 / 134
公的分层授权与私的默契授权可兼顾运用 / 138
默契授权应有弹性 / 139

第十一章　获得授权是最高荣誉 / 143

部属获得上级不成文的授权要十分珍惜 / 145
好自为之才能长久获得授权 / 147

第三篇　组织人员发展优于人力资源管理

第十二章　人力不应视为资源 / 161

人力不是资源 / 163
人是运用各种资源的组织主体 / 166
视人犹物，违反人性 / 167
人不能被纳入管理之中 / 168

第十三章　从管人到理人、安人 / 171

管人带来的三大问题 / 173
学会理人 / 176
学会安人 / 178

第十四章　人力资源管理改为组织人员发展的优势 / 183

人员潜力不愿发挥出来是组织的最大损失 / 185
"三不"大于"不能" / 186
消除"三不"是组织人员发展的重点 / 189

第十五章　沟通、领导、激励并重　/ 195

　　管理的软件具有民族性　/ 197
　　重视沟通技巧　/ 199
　　领导要了解人性　/ 201
　　合理的不公平是有效的激励方式　/ 203
　　领导、沟通、激励是为了开发潜力　/ 204

第十六章　人员发展三大主轴　/ 207

　　人员发展的八大项目　/ 209
　　八大项目要兼顾并重　/ 211
　　建立"和而不同"的和谐共识　/ 214
　　塑造良好的企业文化　/ 215

第十七章　做好阶段性的调整　/ 219

　　重视阶段性调整　/ 221
　　做好调整前后的心理建设　/ 223
　　人人都发展，企业才能生生不息　/ 224

结束语　/ 229

第一篇
领导比管理更重要

组织为求指挥灵活、事权集中、命令统一、责任明确起见,大多采取层级制。

当组织规模很小、成员不多、管理者足以掌控全体员工时,通常只划分出两个阶层:一个阶层是管理者,另一个阶层是员工,如图1所示。

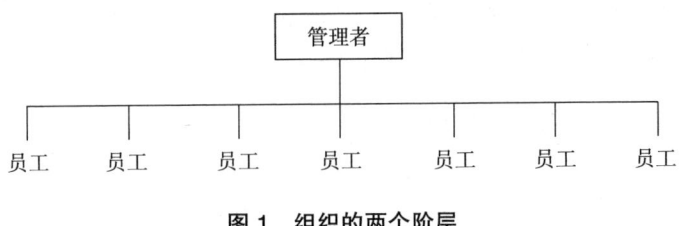

图1　组织的两个阶层

这时候分工专职并不明显,彼此的关系也不确定,职员和工人往往分不清楚,所以通称为员工。

但是当组织发展到了相当规模、管理者不足以掌控全体成员时,就会产生"管理幅度"或称"控制限度"这一问题。这时就必须划分组织阶层,以利于工作的有效推行。

管理幅度是指一位主管能够有效监督的部属人数。虽然早期管理学者企图发现理想的管理幅度,以适应一切组织上的需要,但是近代管理学者的研究认为,难以发现普遍适用的具体标准,因为在决定适当的控制幅度之前,必须考虑各种情境的特质,例如被监督人的活动形态、被监督人的素质以及组织的类型等。

如图 2 所示,甲公司的每一位管理者都有四个部属。在此情况下,如果全体员工人数为 64 人,那就必须划分为四个阶层,才能让公司的机构适当而有效地运作起来。

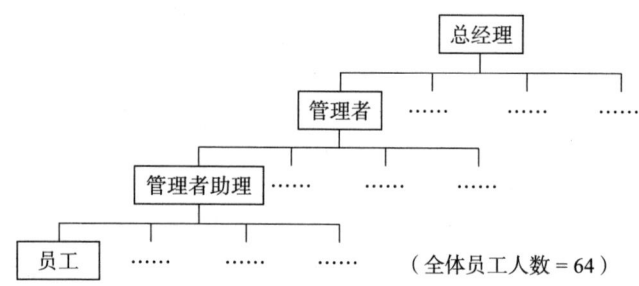

图 2　甲公司组织的四个阶层

然而在管理幅度较大的时候,组织阶层自然就会相应减少。如图 3 所示,当乙公司的每一位管理者可以监督八个部属时,只要划分成三个阶层,便足以管理全体员工。

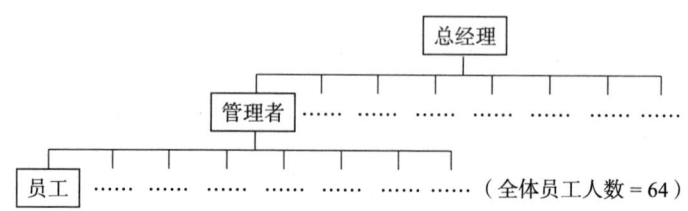

图 3　乙公司组织的三个阶层

甲公司属于塔形结构,而乙公司则称为扁平结构。前者为纵向结构,组织阶层较多;后者为横向结构,组织阶层较少,相应地每一阶层的部属人数较多。塔形结构的沟通线路较长,管理者较多,有助于密切主管与部门之间的工作关系,以及进行紧密的高阶层控制。扁平结构的沟通线路较短,管理者较少,低阶层可以获得更多的决策机会,有助于领导人才的发展。

组织阶层的构成则是出于"分工"和"专职"的考虑,以及管理幅度的限制,并非存有成见。大家人格平等,只是分工不同。

然而,人有智愚之分,孔子将人分为中人以上、中人、中人以下。这三类人应该互相合作:中人以上的先知先觉者,要用心创造发明,以造福社会;中人为后知后觉者,应该尽力好好地宣传先知先觉者的发明,使大家明白它的好处而广为应用;中人以下为不知不觉者,这类人要接受宣传家的宣传和教育,做一个实践家。

实际上,任何社会都是这三类人的组合,因为人的智愚天生就不平等。一般说来,这三类人的分布呈现正态曲线分布,如图4所示。

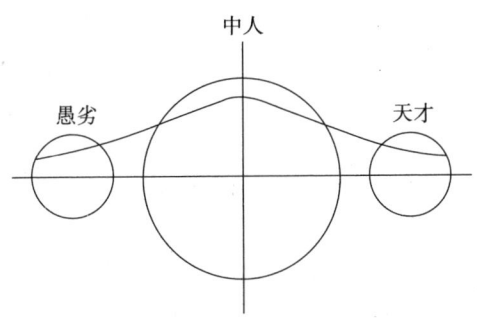

图4 三类人的正态分布图

社会学者一直想改变这种看起来并不公平的教育方式,认为不应该有特权的存在。不过依据我们多年的观察和体验,人类社会的特权好像只能转移而无法消除。

就管理而言,当组织的规模过分庞大,甚至超出个人的管理幅度时,就必须找人帮忙管理。而这时候找人的原则,也就立即成为特权的源泉。不论最终采取什么标准,最后总是形成"心腹知己"的管理。这一点似乎全世界都不例外,所不同的只是"心腹知己"的定义和产生的过程稍有差异而已。

现在教育日益普及，即使大家都成为知识分子，毕竟人的资质有异，智愚不等，所以还是会有等级上的差距。因此知识社会仍然需要组织，而组织为求集结整体力量，统一步调，也仍然必须有层级的划分。所以说，如何将三类人适当地安排在组织的阶层中，同样值得我们研究。

综上所述，我们可将组织划为三个阶层，如图5所示，分别为高级管理阶层（高层）、中级（中层）管理阶层及基层管理阶层（基层）。

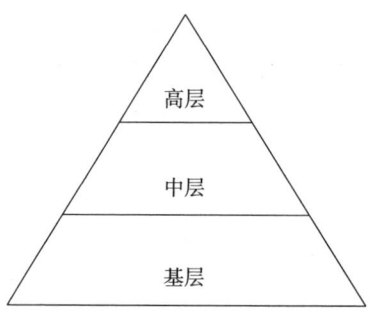

图 5　管理阶层的区分

然后，我们再将三类人和组织三阶层配合起来，如图6所示，尽量使先知先觉者担任高层主管，后知后觉者担任中层主管，不知不觉者担任基层人员或基层主管，作为用人的原则。

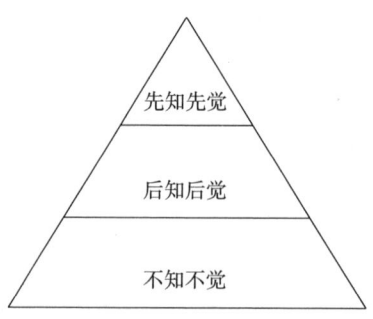

图 6　三类人和三阶层的配合

人分三类不过是一种概略性的划分，因此对组织分三阶层也应看成是一种粗略的区隔。一般而言，最高决策人士如企业的董事长、总经理、副总经理可以称为高级管理阶层，也就是高层主管。现场的作业人员及领班、组长可以看作基层管理阶层，也就是基层人员或主管。至于其他管理人员，则可统统列为中级管理阶层，也就是中层主管。

由此可见，无论一个组织实际上分为几个阶层，都可以将其概括性地纳入三个阶层来看待。对于规模巨大的公司来说，总裁和首席执行官是高层，现场人员属基层，其他都是中层主管。至于小规模的组织，就算只有老板一人、伙计一人，同样可以把伙计看成基层，老板自己扮演中层主管——在必要时还可将老板太太拉进来充当高层，以更有利于组织的灵活运用。

对于三阶层的划分，可以弹性应用。在场三人中，谁的职位最高，谁就是此时此地的高层，谁的职位最低，便为基层，剩下一人扮演中层。三阶层可以随时随地机动配合，并不一定要将自己的身份固定在哪一个阶层。

如果在场三人职位相当，也可以按年资、专长、经验等因素来区分，或视当时的实际需要，选择合适的标准，照样可以划分出三个阶层，以利于工作的进行。

自我测试

以下10个观点，你认为它们是对还是错？

1. 管理者应该向领导汇报，而不是领导向管理者报告。

    对□　　错□

2. 作业重技术面，管理重制度面，领导重人性面。

　　对□　　错□

3. 领导如果被看成管理的一部分，就会形成过度管理而缺乏领导。

　　对□　　错□

4. 缺乏领导，办事没有弹性，很难适当地权宜应变。

　　对□　　错□

5. 管理讲求沟通，领导则讲求好好商量。

　　对□　　错□

6. 与中国人沟通，常常沟而不通，大家各说各话。

　　对□　　错□

7. 管理只能管人的身体，领导才能带动人心。

　　对□　　错□

8. 管理求创新，失败率很高。

　　对□　　错□

9. 管理重视有为，迟早累死自己，也使部属愈来愈无能。

　　对□　　错□

10. 领导重在安人，让大家安心，自动自发地做好工作。

　　对□　　错□

如果你选择"对"的数量在8个以上，说明你对"管理与领导"的问题颇有研究；

如果你选择"对"的数量在5~8个之间，说明你对"管理与领导"的问题有了初步的认识；

如果你选择"对"的数量少于4个，说明你对"管理与领导"的问题的认识相当有限。

无论你选择"对"的数量是多少,总有需要完善、值得学习的地方。因此当你翻开下一页的时候,你就会发现后面的内容原来竟是如此精彩。

㊀㊁㊂

当管理者遇到领导

有很多人会问：到底是领导重要还是管理重要？我不知道大家对这个问题有什么看法，但我十分钦佩能够提出这种问题的人。西方人是不会问这样的问题的，他们认为领导只是管理中的一部分。我们中国人才会把领导与管理很细腻地区分出来，并且认为二者各有各的作用，不能混为一谈。

中国企业组织的三阶层

三阶层的划分

在西方社会，所有的主管都被称为管理者，企业组织的层次划分根据公司情况的不同也不尽相同。但是在我国，企业组织中的管理者和领导者却截然不同，在实际工作中二者也各司其职。

与西方不同，我国习惯于把一个企业组织划分为三个阶层——高层、中层和基层。位于高层的是领导，处于中层的是管理，作业则是基层，这也是西方人很难理解的。如图7所示。

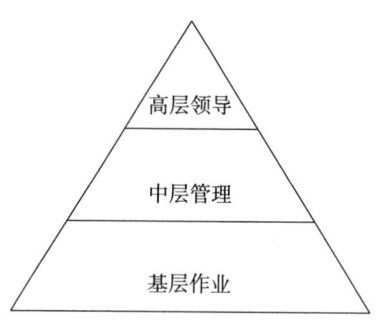

图 7　中国企业组织的三阶层

三阶层的分工

我国企业组织的三个阶层在实际分工中截然不同,简而言之,基层作业重技术方面,中层管理重制度方面,高层领导重人性方面。

基层员工的作业很单纯,他们注重的是技术,不会牵扯太多的东西,他们只要把技术搞好,专心地把工作做好就可以了。从某种意义上说,基层员工是生活在过去的,因为他们是根据过去的规范工作的。因而一旦产生新的规范,基层员工一时之间无法改变,往往要先经历一个重新规范的过程,才能适应新的要求。

与基层员工相比,中层管理者则总是处在现在,他们注重的是制度。管理者主要负责从制度上实施具体的管理,而制度面对的则是基层员工,在基层员工身上生效。你会发现制度大都管不了领导,而只能管员工。这也是我们跟西方非常不一样的地方。

中国式领导重视的是人性,这与西方以制度管理企业的情况不同。在我国的企业中,除了制度之外,要想管理好一家企业,就必须以人为本。关注人的方面,尤其是领导能力是至关重要的,这与中国的具体国情密不可分。

中国式管理是很重视制度的，但是制度并不是一种好的管理。西方人认为制度就是好的管理，这对中国人来说是不可接受的。很多年轻人受西方管理思想影响很严重，以为公司把制度定得很明确，对大家解释清楚，然后坚决贯彻，执行力很强，这家公司就一定会管得很不错，但实际上企业管理并不是这么简单的。

我们可以思考一下，中西方企业在管理方面存在哪些不同之处。

思考

某公司规定上班时间不能看书报杂志，并且清楚地说明了违反这项规定将被罚款。有一天，某甲公然违反规定，在上班时间看杂志。

请问：公司将如何处置？

请把你的想法简要地写下来：

_____

_____

_____

分析

西方企业的管理者会直接按照制度办事，很快解决问题。

但是如果是中国企业的管理者，他就很可能会先考虑以下几点原因，然后再着手解决问题：某甲公然地违反规定，一定有他自己的缘由，是不是因为他有一定的背景？要么就是因为他在某一方面为企业做出了巨大的贡献？如果确实是上面原因中的一个，那么一旦我按照制度处理，是否会引起相关领导的不满？另外，这会不会也有可能是这名员工为了离开公司而使用的一种手段？

我国企业由于一些长期存在的历史问题，在管理方面存在一些和西方企业有差异的内容。上面的案例告诉我们，中国的管理者处在一种比较复杂的人际关系之中，所以他们在处理一些具体问题时就会特别注意既要让上层领导者满意，也要让基层员工赞同。这也反映了我国企业组织划分的特点和由此带来的管理难点。

这是西方人难以理解的事情，因为他们依照制度管理一切都很简单，但是中国社会却是很复杂的。作为中国管理者，我们一定要想一想：他怎么会这样？说不定他是想利用我？他怎么利用我呢？因为他想离开这家公司，用各种方法都很困难，不如他就公然违反规定，我去抓他，然后他就把事情闹大，最后他跟所有人讲是被我逼走的，那我最后就变成了"坏人"，这还了得！

身为中国人一定要有高度的警觉性，因为我们这里是全世界变化最大的地方。很多人都说西方变化大，中国没有怎么变，那完全是他们自己看错了。

像这么一个很简单的个案，都让管理者觉得这里面很复杂，如果再牵涉到领导，那就更麻烦了。所以管理者考虑事情一定要一层一层地去深入，只站在作业层面上去想问题未免太过简单了。

管理者与领导者

管理者要向领导汇报

一般来说，当管理者碰到领导的时候，管理者应该向领导汇报，而不是领导向管理者报告。这一点体现了低层尊重高层、以高层意见为主的传统意识。我们很少碰到领导会向管理者去做任何报告的情况，这是不可能的。

到底是低层看到高层先开口，还是高层碰到低层先开口，这是一个很严重的问题，也是一门学问。

领导比管理更重要

实际上，在中国企业中，领导比管理更重要，因为人性化比法制化更有效。

西方人的管理是以事为中心，而中国人的管理在某种程度上则是以人为中心的。中国人不可能以事为中心，我们嘴上都会讲"这件事情上我是对事不对人的"，但心里却比谁都清楚这事就是专门对人的，他不对人就不会讲这种话。所以中国人嘴上都讲得很好听，只对事不对人，但却统统做不到，因为中国人是以人为本的。

既然中国人以人为本，那就不可能以事为中心。一个人事情做得再好，只要你人做得不好，你也就算完了。所以在国企中，除了要做好事，还要做好人。

☁ 思考

我们仍然用前面提到的员工违规看杂志为例，对于某甲公然违反规定在上班时间看杂志这个问题，管理者认为某甲平日表现良好，不打算按照规定对其实施处罚。

请问：怎样才能合情合理地做到这一点呢？

请把你的想法简要地写下来：

_____

_____

_____

分析

1. 管理者的顾虑

在这个问题上,如果管理者不管三七二十一马上照章处理,最终很可能会对自己非常不利,对公司也很不利。因为这件事很可能会使公司发生问题,影响其他员工的情绪,甚至出现派系对立;如果马上将其送往人事部门处理,很有可能会被对方反咬一口,如果对方死不认账,就会让自己变得很被动。

要避免这种情况,最好能确定几个证人来为此事做证。但是,某甲是为公司做出过巨大贡献的员工,公司领导平时对他非常器重,一旦因为这点小事将其揪出,让领导大发雷霆,使公司蒙受损失,显然也不合适。

既然如此,就应找出一个合适的方法来使其免于处罚。之所以必须找出合适的方法,是因为他的这种行为违反了公司规定,如果放任不管,就会形成失职之过,而这是要负连带责任的。

2. 管理者找到的解决之道

现在书报杂志摆在某甲的桌上,这显然是违反规定的。于是,管理者赶快也拿上一本书报杂志,走到某甲身边,小声对他说:"你在看什么?有好看的也给我看看,不要只顾自己看。我这本里有一篇文章对你很有帮助。"然后顺手把他的杂志拿起来,两个卷在一起,再大声说:"把这两本书都带到外面去看,免得大家误会你上班看书报杂志。"

为什么管理者讲话要有大声、小声呢?小声是讲给他听的,大声是讲给所有人听的,这里面包含的意思非常清楚:小声跟他讲"你有什么要给我看?"就是在提醒他上班看杂志是不对的;告诉他"我这里头有些对你很好的文章",实际是说"我是在给你台阶下,给你留面子,你不要再搞下去了,再搞下去大家都难堪"。然后两个卷在一起,则是卷给大家看:"你们不要以为他上班看杂志,根本没有,他只是看看目录，有没有好的要给我看，我们只是在交换好的资料而已。"

你说我没有处理，我处理了；你说我处理了，我根本没处理。这就叫领导。因此，领导必须以人为本，重视人性化的方面，这绝不是一件容易做到的事情。

3. 领导者先要得人心

有些人确实具有专长，而且在品德上也没有重大的缺陷，但就是不能有效地进行领导。究其原因，就在于其无法得到部属的心，使部属不乐意和他相处，自然也就更谈不上乐意接受他的领导了。

但得人心并不是去讨好，领导者绝对不可以讨好部属，那样势必无法达到目标。

不讨好、不纵容、不娇宠，却又能得到部属的心，其三步骤分述如下：

第一，关心。把他的心关起来，使其跑不掉。

第二，开心。让部属因受到关心而开心，丝毫没有抗拒的力量。

第三，放心。部属开心之后自会好好做事，乐在工作，主管自然也就可以放心了。

4. 例行事务与例外事宜

任何事都有例外，管理只能管好例行事务，领导却还要照顾到例外事宜。基层无法对例外之事负责，管理者也可以不负责，只有领导一定要承担例外的责任，这是中国企业的领导必须要面对的。

如果公司有保安，你告诉他"凡是有预约或出入证的，你就让他进来"，这个保安肯定做得到。但假如现在有一个人没有预约，也没有出入证，保安就不能让他进入公司，但他就是不出去，就要进来，该怎么办？因此，制度只能管好人，而管不了坏人。

美国人很简单，制度怎么规定他就怎么做；中国人就不简单，制度怎么规定他就是不理。所以公司要告诉保安，如果有人要硬闯进来，不遵守规定的，他不要去处理，应报告队长，报告主管，主管会处理的。那主管怎么处理呢？主管出去，通常先看看认不认识这个人，是不是公司的关系户，如果不是也不会让他进来，就让他等等，自己再找上面的人，找领导，因为领导总比主管有办法。

所以很多人都纳闷：为什么中国人总好这样推脱呀！其实自有他的道理，只是我们看不懂而已。中国人的推脱，就是把事情推到最合理的地步，然后找到最有办法的人来解决。而这不是往上推，就是往下推。如果领导对例外事情都不管，那么例外所带来的后遗症该由谁来负责？基层负不了责任，干部大不了拍拍屁股走人，最倒霉的就是领导，领导要去承受这些例外所带来的灾害性后果。

所以为什么领导层与底下人的想法永远不一样，就是因为最后是他在承受后果。领导人最痛心的就是干部每次都讲："又不是我负责！"坏的事情往往都是老板倒霉，而管理干部不承担责任。

所以，领导者必须要想到例外，它是经常出现的，而且例外的事宜经常会比例行的事宜难处理。一般的人，他敢这样硬闯吗？他敢违反你的规定才怪呢！所以这个时候就要考虑到领导的问题。

思考

中国人喜欢凡事看着办。

请问：你如何看待这种观点？

请把你的想法简要地写下来：

_____

_____

_____

🌀 分析

"看着办"是中国人进行管理的一种办法,这种说法一般会让西方人感到莫名其妙,甚至让中国人自己也深感压力,因为"看着办"里面隐含的内容实在是太多了。比如"看着办"可以是"我尊重你,我相信你,你有能力解决,你就照你的方法去办好了";也可能是"这件事情你不要问我,我也不知道,你自己看着办,但是你要向我负责,你办不好,我也看着办";还可以表示"这个根本无所谓,你看着办吧";又可以理解为"我们两个在同一条船上,你要替我们双方着想,我们彼此都安全,对公司有好处,这种情况之下你才可以看着办"。

简而言之,对于"看着办"可能会有太多的解释。实际上,从某种意义上说,"看着办"是最现代化的管理方式。"看着办"能让接受任务的人为了解决问题不断设想各种情况,寻找出各种具有可替代性的方案。而这也正好验证了每个问题并不是只有一种解决方法这一客观理论。但是有一点要注意——最终只能采用一种方案。所以在确定方案之前,必须先对各个方案进行评估,明确各自的优缺点,找出各种方案实施后分别可能出现的新问题及补救办法。这才是真正的"看着办"。

中国明智的领导一般都很会使用这种管理方式,他不会轻易对一个问题做出决定,而是让下属"看着办",让下属逐渐明白,真正好的解决方法往往是没有想到的那一个,从而督促下属为寻找好的解决方案不断开拓思路。这是中西方企业领导在管理上很大的不同之处。

在中国,领导比较柔性,制度比较刚性。俗话说"以柔克刚",这点很值得充分认识和正确引导。一个人如果总是个性刚毅,会让别人难以忍受;反之,一个个性总是柔和的人,恐怕自己也会很难忍受。

过于刚毅的人容易折断，过于柔和的人容易被人欺负。

所以，只有在刚柔之间把握分寸，才能让自己无往不胜。比如，领导是柔性的，但是有时候却要显示刚性；管理是刚性的，但是实施起来却要很柔和。所以管理者要柔，领导者反而要刚。之所以要这样，是因为管理是制度化的，很死板，所以执行的时候就应比较温柔；而领导本身就体现了柔和的特质，所以做决策时就要果断而坚决。这其实就是一种领导的艺术。

将员工当成科学的机器人来领导，把员工的活动以科学分析的方法——加以固定化、模式化、数据化，事实上已经失去了领导的本质之义，可以说是只有管理而没有领导。把制度化放在人性化的上面，并不合乎人性的需求。凡是过分重视数据的组织，大都缺乏人情味。

中国人的领导，艺术气氛比较浓厚，多用"由情入理"来作为"依据处理"的先奏。

凡事先以情，而不是一开始就依据制度，所以看起来人治大于法治。

中国人的管理标准说白了很简单，那就是"合理就好"。这与西方人讲究的"合法就好"是不同的。西方人以法为中心，重视管理；而中国人则是以理为中心，讲究领导。对中国人来说，合理比合法更重要，中国人接受的是合理的法，而不是不合理的法。

由此可见，在中国，管理是有弹性的，而领导的弹性就更大了，因为他们要时时考虑到例外事宜。这种操作并不是不守法，而是要衡量特别的状况，进行合理的处置。只有这样，才能明确"此时此地我应该用作业的方式来处理，还是用管理的方式来解决，或是应该发挥一下领导的艺术"。

本章要点

与西方不同,中国企业一般将企业组织划分为基层作业、中层管理和高层领导三个层次。这三个层次各自发挥着各自的作用,形成了中国企业组织的一大特色。

在管理和领导上,中西方也存在着差异。中国人的管理标准很简单,那就是"合理就好",这与西方人讲究的"合法就好"是不同的。西方人以法为中心,重视管理;而中国人则是以理为中心,讲究领导。对中国人来说,合理比合法更重要,中国人接受的是合理的法,而不接受不合理的法。

第二章
过度管理,缺乏领导

领导不是管理的一部分

领导和管理是有区别的，绝对不能混为一谈。如图8所示，企业有六大领域，通常情况下，我们习惯于将其统称为"企业管理"，但是此"管理"却非彼"管理"。企业管理只是一种统称，而我们这里讲的"管理"则是与其他五大领域并列的专业管理。

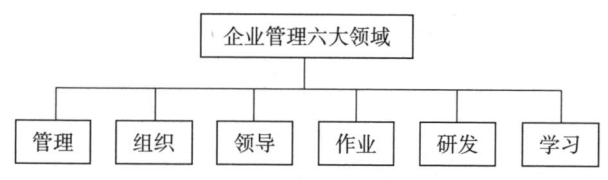

图8 企业管理六大领域

企业的六大管理领域是：管理、组织、领导、作业、研发和学习。这六大领域各司其职，谁也不能替代谁。例如，企业组织架构应合理设置，并适时进行调整，否则其他领域的职能发挥得再好，企业也会存在无法解决的问题；同样地，即使管理、组织、领导都很完善，没有了基层的踏实作业，一切也是枉然。因此对于一个企业来说，要想不断发展，在其他五个领域里也都要不断地学习，持续地创新，唯此才能不被淘汰。

当然，六大领域中的领导和管理也非常重要，如果领导出了问题，即使企业的组织非常健全、管理制度很好，也无法经营出好的成果。

由此可见，管理和领导属于企业的两大领域。如果把领导看成管理的一部分，就会形成过度管理而缺乏领导。这样做是非常不人性化的，不但收不到太大的效果，还会影响到整个企业运营的绩效。

过分重视管理会带来制度危害

管理对任何一个组织来说都很重要，同时，任何组织在进行管理时也都必须按照制度进行，没有制度，管理也就无从立足。中国人自古以来就很擅长制定制度，而且能将制度制定得非常严密。管理是很重要，管理也必须要有制度，而且严密的制度也确实能够加强管理，但是制度化的管理却绝对不是优秀的管理。

过分重视管理会给企业带来制度危害，因为严密的制度会捆住人的手脚，限制人的能力的发挥。对我国的国有企业来说，目前最大的问题就是制度多而僵化，员工工作时总是束手束脚。所以尽管我们提倡重视管理，但更重要的却是要采取适当的管理，千万不能因过度管理而带来制度危害。

我讲一个古代的小故事，通过这个故事我们来思考几个问题。

思考

昭侯醉酒

韩昭侯酒醉睡着了，典衣（专门管衣服的人）不在，典冠（专门管帽子的人）怕昭侯着凉，拿衣服盖在昭侯身上。昭侯醒来，十分高兴部属对他如此关心，问：是谁盖的？左右答：典冠。昭侯因越权而处死典冠，因失职而处罚典衣。

——译自《韩非子》

请问：

1. 典冠不盖，就是不关心；盖了就是越权，如何是好？
2. 越权可怕，还是失职可怕？
3. 如果你是昭侯，你会怎样处置？

请把你的想法简要地写下来：

_____

_____

_____

分析

昭侯醉酒的故事看起来很简单，实际上却包含了很多深层的问题。韩昭侯酒醒后本来很高兴有人为自己盖了衣服，但是一知道这件事是负责管帽子的官员做的，马上就转喜为怒。最终，他以越权之罪将其处死，同时也处罚了失职的管衣服的官员。

我们可以将这个故事中的人物按照职权划分出一个组织结构，如图9所示。其中，昭侯是领导，处于高位；他的下方有三类专职人员——专门管衣服的典衣、专门管帽子的典冠以及负责其他事宜的左右，对于这三类人来说，各自的职责是很明确的。而所谓失职就是该做的工作没有做，做了不该做的工作则是越权，这是两个不同的概念。无论古今，无论在哪一个组织中，任何人一不小心都会失职或者越权。

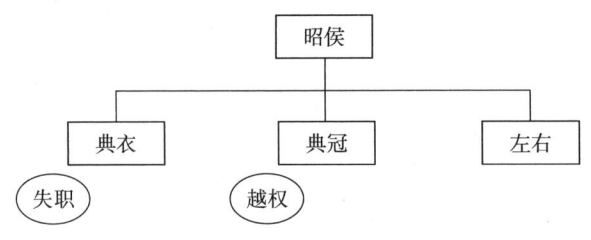

图9　昭侯醉酒故事之组织结构图

我们对以下几个问题分别做出假设和分析，从而了解为什么典冠做了好事却受到惩罚。究竟是什么决定了这样的结局？

1. 典冠不盖，就是不关心；盖了就是越权，为什么？

在这个故事中，典冠可以说是最倒霉的人。首先，他不能不给昭侯盖衣服，因为当时在场的其他人中，他的职位是最高的，如果事后追究责任，他一定在劫难逃。而且，根据我国的传统，每个职位的职权责任表中的最后一栏一定是"其他"。这个"其他"包含了很多意义，既在无形中赋予了每个职位一些特殊的责任，当然也为领导追究相关责任提供了权力。

2. 如果他盖了衣服，就是越权。

现在有许多"职务代理人"，他们名义上有代理职务的权力，实际上根据事情的大小，其权力也是可大可小的。虽然职务代理人有名无实会影响工作，但是一旦自作主张，就可能构成越权。

3. 越权可怕，还是失职可怕？如果你是昭侯，你会怎么处理？

西方人遵循的是权责合一，他们执行的宗旨是要谁负责就授权给谁；而中国人在实际生活中却是在上者有权没有责，在下者有责没有权，这与西方人是不同的。

很多领导之所以吝于授权，是因为每个领导者都有自己的权限，一旦将自己的权力充分授予他人，自己就会被架空。比如，一个企业如果出了大问题，老总一定会去找经理；发生了小问题，则会去找下一级的管理者。这就是所谓的权限不同，责任当然也不同。一般来说，授权多发生在问题出现之时，这时的短暂授权是为了马上解决问题，而平时的责权则经常是不统一的。

权力历来都是一个敏感而重要的问题，侵犯了上面的权力叫越权，侵犯了平行的权力也是越权。

对职务高的人来说，越权更可怕；对职务低的人来说，失职当然比越权还要可怕。所以，二者到底哪一种更可怕，需要根据当事人的实际情况而论。

如果你是昭侯，你可以选择的处理方式有：对两个人都奖励，让大家都高兴；或者将两个都杀了，让人觉得残酷；也可以杀掉其中任何一人，显示出对个人的尊重。

4. 如果你是典冠，你将如何处置？

首先，你想溜走是万万不可能的，只要一个"昭告天下"，就能将你抓回，结局当然也是死。所以，在现实生活中中国人常常碰到这种"做也死、不做也死、溜又溜不掉"的尴尬局面。尽管比较难，但是在这种时候也还是要尽力为自己寻到一条活路，而且也应该有这样的活路。

不过对于那位典冠而言，遇到这样的问题的确很难解决。下面是一些人想出的"好办法"。

方法1：把所有的帽子都盖到昭侯身上，这样做既可以防寒，又没有越权。

评价：这是一种很典型的做法，员工自以为很聪明，其实得到的结果却并不佳。

方法2：不用帽子去盖，也不用衣服去盖，而是打开电热器，温度升高了，昭侯就不会生病了。

评价：这种人完全脱离历史，根本就没想到那时哪有什么电热器。

方法3：去请皇后来盖。

评价：这种人不知道以前君王不宣召，皇后根本没有机会觐见。

方法4：把昭侯摇醒后询问他是否要盖衣服，如果他说可以，就帮他盖。

评价：这个方法只会招来杀身之祸。

方法5：典冠给昭侯盖了衣服后，等典衣回来和他串供，告诉他"刚才是你应该盖的，你不在，我帮你盖了；所以，等昭侯醒了以后你要说是你盖的，不要说是我盖的"。

评价：这样做的后果是典衣一定会密告昭侯，把你出卖——这是他自保的一种方式。因为他会认为这样做他就成了你的共犯，而欺君之罪是要诛九族的。

看过以上的分析，有人可能会说：这么小的一件事都这样复杂，中国人想得实在是太多了。其实不然，做人一定要隐忍，而复杂的社会则正是磨炼自己的绝好环境；另外，人们一旦养成不愿动脑筋的习惯，就会事事放弃、事事失败。

那么到底是越权可怕，还是失职可怕呢？这就要看你的职位高低了。然而我的建议是：你早一天养成越权可怕的观念，你就会升迁得快一点。因为你越不会越权，上面就越放心提拔你；你一越权，他绝对不敢提拔你。所以有人认为自己很委屈，自己很有能力，上面却怎么也不考虑他，其实就是因为上级发现他会越权，担心以后会侵犯到自己。所以我们要早一天把自己的观念调整过来：越权一定比失职可怕。

当然最好、最理想的是既不越权，又不失职，这也是我们努力的目标。一个人应该时时刻刻记住：不越权还不够，不失职也不够，要两边不侵犯我们的上司，同时又把自己的本职工作做好。光把自己本分工作做好其实是不够的，因为这只是尽本分而已。一方面把自己的本分工作做好，一方面再顾虑到上级的感受，你就有前途了。

所以为什么中国人眼睛老是往上看，不是巴结，也不是讨好，而是去将心比心，体会我们上级的感受。

但是我们一定要用正道来开拓自己的前途，千万不要走旁门左道，因为那是死路一条。

总而言之，如果你是典冠，你就要想方设法把最不幸变成最幸运。在遇到困难时，要相信："我是最幸运的人，我有这么好的一个机会，如果表现得好，老板就会对我有好的印象，将来我的前途就会很光明。"作为一个中国人，无论前面的环境有多艰难都不可以退却，因为很多事都是无法逃避的，只能选择面对；但是切记不能硬闯，而是要灵活应对。

所以你的命运最终还是由你自己决定，而不是由别人决定。

其实这个案例就是在说明要把任何困难都看成转机。如果真正能做到这一步，你也就真的可以逢凶化吉、趋吉避凶了，并且随时都可以创造对自己有利的条件。

只要方向正确，危机就是转机，中国人最擅长的就是把危机变成转机。典冠处理得不好，这是他很大的危机；典冠处理得好，就是给了他一个最好的机会。

5. 昭侯起初很高兴，后来又很残酷，这说明什么？

昭侯起初很高兴，这是人之常情；后来很残酷，这是因为职务的需要。历史上的韩昭侯是个英明的君主，为人很正派，而且很有智谋，处理事情也很公正。实际上他杀典冠的道理很简单，即如果不杀典冠就会引发下属讨好的风气，长此以往，君主很容易被蒙蔽。

有这样一个故事：三个年轻人跪在大法师面前要求剃度。大法师问第一个人："你为什么要来当和尚？"年轻人说："是我爸爸叫我来的。"大法师马上揍了他一顿,并且说:"这么重大的事情你自己不考虑,你爸爸叫你来你就来,将来你后悔了怎么办?"大法师接着问第二个人,对方回答:"我自己要来的。"结果招来更凶的一顿打,大法师还是斥责他:"这么重大的事情居然不与你爸爸商量就来了,你爸爸哪一天向我要儿子怎么办?"大法师最后问第三个人,第三个人因为害怕不敢说话。于是大法师就拼命地打这个人,并且骂道:"这么重大的事情你想都不想就来了?"

这是中国传统的教育方法,现在看这种方式有不合理之处,但是通过这种打的方式却能让年轻人学会寻找自己的道路。实际上,中国人很想享受马屁味道,却又很讨厌拍马屁。如果我是第四个年轻人,我会对大法师说:"我是受到大法师的感召而来的。"这种回答既安全又能让对方高兴。总之,一定要记住——拍马屁是拍给其他人看的,不是拍给老板看的。你什么时候意会到了这一点,你就真的知道该如何跟老板相处了。

昭侯之所以杀典冠,主要就是因为他对典冠的动机非常怀疑。他心中盘算:"你抓到机会,趁典衣不在,就来巴结我。如果让外面的人知道典衣不在我就容许典冠给我盖衣服,就会认为他是我的亲信,我会找他办很多事情,那他不就可以为非作歹了吗?"

6. 怎样才能既不越权,又不失职?

对典冠来说,要想找到一条出路,首先要明确两点:

第一,必须面对问题;第二,要明白人往往会处在左右为难的境遇中,在这种情况下要设法把左右为难变成左右逢源。

所以,做事要很谨慎,不要大意。在这个问题上,典冠应该马上想到:"如果我去做,昭侯一定会怀疑我的动机,而且没有人会证明我的清白;如果我不做,又很明显地说明我不关心昭侯。"顺着这个思路想下去，典冠就可以采取以下措施——找别人去做这件事，谁做了当然由谁负责。当然，被叫的人肯定会推辞。不过在经过你和他的一番推让之后，衣服肯定会盖在昭侯身上。这样，等昭侯醒过来询问时，左右肯定会禀告是你让他盖的。这种做法会证明你们彼此的动机都很纯正，当然双方也都会获得奖励了。

中国人很重视动机，但动机偏偏又是看不见的；西方人不重视动机，因为他们认为动机根本看不见。所以，中国人往往相信自己的感觉胜过相信别人的话。如果他认为你的动机纯正，自然没有问题；但是一旦对你的动机表示怀疑，他就会对此深究下去。所以一定要记住：越是与高层主管在一起，越是要小心翼翼。

另外，遇到问题后一定要多动脑筋，不要整天发牢骚、诉苦，因为那样毫无用处。建议大家从现在起就开始养成一个好习惯，无论遇到什么事，先把嘴巴闭起来，让这件事跑到你的脑子里，然后"三思而后行"。这就叫作谋定而后动。

作为领导者，首先一定要很有原则，不管是对亲信，还是对一般人，这个原则都是不能破的；其次越是靠近你的人越是要严格要求，否则就乱套了。要么你不要靠近我，你要靠近我，你就要做别人的表率，这样才行。

所以作为一个领导，要处罚就要先处罚自己身边的人，而不是处罚其他人。但在现实生活中，一般领导都是处罚其他人，而不处罚自己身边的人，这样一来公司的风气就会变得越来越不好。

典冠盖衣对中国人的影响实在是太大了，特别是其负面影响更是不断地扩大，使得我们的脑海里始终存有一种"多做多错，少做少错，不做不错"的错误观念，结果却是害了自己。

典冠担心昭侯着凉，好心好意把衣服盖在他的身上，反而招来杀身之祸，无论从哪一个角度来看，似乎都令人心生恐惧，不敢多做事。

但是，我们必须小心。典冠如果存有这样的心理，干脆不闻不问，反正事不关己，何必操心。结果呢？势必遭遇同等凄惨的恶果。这种"左右为难""东也不是，西也不是"的困境，是中国社会随时随地都可能遇见的情况，想逃也逃不掉。只有勇敢地面对，想办法化解，才是唯一的办法。

化解问题与解决问题也有所不同。解决不过是公事公办，不必计较太多，做了就是。化解则是竭尽心力，先要设想对方的感受，以及可能产生的情绪反应。对中国人来说，不管做什么事，动机纯正是首要的条件，一旦被怀疑就会百口难辩。因此不要等到危机四伏时才来动脑筋，而是凡事都要先想一想：这样处置可能会引起哪些怀疑，尽量事先避免，这是自己获得安全保障的有效方式。

典冠非解决问题不可，否则责无旁贷，一定要受处罚。但是对于可能引起的怀疑，也同样非化解不可，不然害得自己跳进黄河也洗不清，倒了大霉还得不到同情。

既不失职，也不越权，是我们每一个人都应该时刻自勉的。能够具备这样的素养，自然就会化解两难的障碍，从而也就不可能"多做多错，少做少错，不做不错"了。

协调制度与弹性

缺乏领导会导致没有弹性

注重管理必然离不开制度，但是如果只有管理而缺乏领导，办事就会没有弹性，就会很难适当地权宜应变。

中国人最拿手的叫作权宜应变，最有智慧的就是随机应变，因此在环境变动的时候，中国人也往往最有办法适应。

环境在变，你也非变不可，但是不能乱变。什么叫作乱变？投机取巧就叫乱变。

随机应变与投机取巧这两个词相去甚远：只要你的心是公正的，你的心是为大家着想的，无论你怎么做其实都是随机应变；只要你什么都想到自己，只想营私舞弊、中饱私囊，只想照顾自己小圈子里的人，那就是投机取巧。所以作为一个中国人，你一定要记住：我们只能够随机应变，而绝对不要投机取巧。能这样坚持一辈子坚持，你就算得上是一个堂堂正正的人了。

企业的领导和员工是不同的，如果领导做任何事都和员工一样严格按照制度进行，领导就失去了存在的意义。领导要做的就是那些按照制度根本行不通的事情，只有在这种特殊时刻，才能充分显示出领导的独特作用。

弹性太大会引发众多麻烦

同样，如果弹性太大，凡事都看着办，也会带来很多麻烦，这就叫作过犹不及。俗话说任何事情都要有一个法度，"法度"这两个字，一个是法，一个是度，法是死的，而度则是活的。所以当我们碰到制度的时候，一定要想到它是有弹性的。

比如，西方人讲数字从来都很肯定：几个？两个，两个就两个。中国人说数字则常常比较模糊，都带有弹性：七八个、一百多、二百左右……从来没有一个准确的数字。但我们会把握一个度、一个合理的范围，这个度就叫作"合理就好"。

思考

采购员丙请假，丁为职务代理人。当天有紧急事务，要由采购员办理。

请问：
丁可以代办采购业务吗？
请把你的想法简要地写下来：

_____
_____
_____

分析

很多人在面对这个问题时都会毫不犹豫地说："当然可以。"但是，假如这个职务代理人趁机大量采购，以谋取回扣，该怎么办？当然你可以说："我可以告呀，公安机关会把他抓起来。"但是这样很容易拖延好几年，公司也可能因此垮掉；还有可能丁代替采购员丙买了东西，结果上面怀疑丁趁机拿了回扣，丙也很可能对上级说："你看我才请假三天，他就采购了这么多东西，而且价钱那么贵，又是向他亲戚买的。"这样的结果自然也是丁所无法承受的。

所以，要想代办采购业务又不带来麻烦，丁就必须掌握几条原则。

第一，尊重被你代理的人。这是需要重点把握的一个原则，意思就是说要按照他的方式来处理问题，而不是按照你的方式来处理。你只是在暂时代理他的工作，你没有权力按照你的方式去替他做事，因为将来要负责的人是他而不是你。所以即使他生病了，在处理问题前你最好也要先征求一下他的意见。

第二，可以暂时不买的尽量不要采购。对于需求紧急的物品如果不采购是一种失职，但是对于那些需求不紧急的物品，就可以等两三天再考虑；同时在采购之前最好先征求上级的意见，尤其是征询有关价格的意见，这样可以有效地防范背后的小报告；查询以前的购买记录也是一个不可缺少的步骤，在商品种类和价格上都要和原有记录进行比较。

第三，过程会产生变化，会影响到后果。所以，千万不要给别人穿小鞋，否则最后叫痛的就会是你而不是他。你给对方面子，对方才能给你面子，这是一种互动的原则。要做代理，就要先考虑原负责人的立场，然后再考虑上面的立场，考虑使用单位的立场，通过比较来决定与谁合作。

中国人做事从来不走极端，讲究中庸，讲究一个度，但对这个度的把握则是比较困难的。

因此，我们做事情一定要三思而后行，谋定而后动。这样才能保证一动就合理，人家才不会怀疑你的动机，因为你已经顾虑到了应该考虑到的一切。处理事情时则要力求圆满，其实圆满就是让每一个人都有面子。别忘了，面子对中国人来说永远都是很重要的。

本章要点

管理和领导同属于企业的两大领域。如果把领导看成管理的一部分，就会形成过度管理而缺乏领导，最终则会影响到整个企业运营的绩效。

管理对任何一个组织来说都很重要，同时任何组织在进行管理时也都必须依靠制度进行，没有制度，管理就无从立足，但是制度化的管理却绝对不是好的管理。过分重视管理会给企业带来制度危害，因为严密的制度往往会捆住人的手脚，限制人的能力的发挥。

第三章
沟通不如好好商量

管理侧重沟通，领导侧重好好商量

中国人一般很不容易沟通，但是却很容易商量。一般来讲，管理侧重的是沟通，而领导则推崇好好商量。

管理是讲究沟通的，可是你常常发现越沟越不通。领导是要讲究商量的，因为他知道只有好好商量，你才能够得到真实的意见。你若勉强他讲，他就会讲些冠冕堂皇的话。中国人最喜欢也最会讲冠冕堂皇的话，但那些话到头来一点用处都没有。

其实，无论是沟通还是商量，最终强调的都是一种变通精神，都在寻求协调解决事情的好方法。

思考

廷理挡驾

楚庄王规定，大臣百官以及诸公子的车辆都不能驶到茅门。有一次，楚庄王紧急召见太子。天刚下过雨，平地积水难行，太子把车子驶到茅门。廷理挡驾，举起兵器刺伤马匹。太子跑进朝堂向父王哭诉，楚庄王让太子由后门离去，晋升了廷理的官职。

——译自《韩非子》

请问：

1. 廷理难道就不能变通一下吗？
2. 如果你是廷理，你会如何处置？
3. 万一楚庄王一怒而杀掉廷理，如何是好？
4. 整个事件究竟谁对谁错？
5. 怎样处置才能够使整个情况更为圆满？

请把你的想法简要地写下来：

_____
_____
_____

分析

这个故事在《韩非子》中非常有名。楚庄王规定大臣百官以及诸公子的车辆都不能驶到茅门，因为茅门是楚庄王专门用来办公的特区。这项规定本是为了保障楚庄王的安全和干净整洁的办公环境，结果却因为下雨、积水等变数而发生了故事中的事情。

其实，故事中还有这样一个情节：等太子哭诉之后，楚庄王对太子说道："我是快要退位的老楚王，你是马上要上任的新楚王，廷理这样做，难道是因为他笨吗？他就不怕因此得罪了你，等你继位后招来祸患吗？这些他肯定知道，但是他为了保护老楚王而得罪马上要就任的新楚王，其实这是很了不起的，你懂吗？"为了避免太子为难廷理，楚庄王特意让太子从后门出去了。

我们来仔细分析这个故事。

1. 廷理难道就不能变通一下吗？

廷理是一定可以变通的，因为管理其实就是一个妥协的过程，而事情也往往就是在妥协后才逐渐得到协调、解决的。

2. 如果你是廷理你会如何处置？

如果你是廷理，你可能会采取一些方法。

方法1：照样去刺太子的马，然后假装昏倒。

评价：将智慧用到这种地步，很容易被人识破不良的动机。就像时下有些人总是在朋友面前说："你请了我那么多次客，今天总该让我请一次吧。不要客气，尽量吃，今天我请客。"结果等快结束、要结账的时候，他就趴在桌子上醉倒了。等账都付完了，他又大声喊道："怎么可以你付账，不行，我来。"

方法2：采用一种比较现代化的解决方法，就是准备一辆小型马车，然后对太子说："请您换车，因为这辆车经过了安全检查，我送你到里面去。"这样岂不是皆大欢喜？

评价：这个方法其实很难做得到，因为事情发生得很突然，大多数情况下你根本就无从准备——时间来不及，配套准备来不及。你不可能对心急如焚的太子说："请您稍等一下，我去准备一辆车子。"就是你说了，相信太子也绝对不会接受，因为一旦耽误了事情就是他的责任，他没有办法向楚庄王交代。

方法3：把你的衣服拿出来，垫在路上，请太子踩着你的衣服过去。

评价：这种方法既简单又有效。因为衣服可以洗，可以再买，而机会则一旦失去就不会再来。这就是一种变通的方法。

3. 万一楚庄王一怒而杀掉廷理，如何是好？

楚庄王如果一怒之下把廷理杀掉，也不会有好的效果，因为从此以后就没有人有胆量追随他了。所以凡是有过分严格的领导的企业，往往会出现人才流失的现象。没有人愿意在威胁下工作，而每个人又都有选择环境的权力。

4. 整个事件究竟谁对谁错？

如果用一句话回答而且还能让所有人都满意，那答案就是"很难讲"。现实社会中几乎没有一件事情能够说得清楚，凡是说得清楚的就会很倒霉，因为牵一发会动全身。所以当你被别人追问时，你可以用以下三句话让大家满意——"很难讲""看你怎么讲""随便你讲"。

你不要试图说服别人，因为有些事是强求不来的，非要强求势必会带来祸患。就这个故事来说，在整个事件中谁都有错，但是谁也都没有办法。

楚庄王没有错吗？楚庄王当然有错，楚庄王如果一方面派人去叫太子，一方面派人去告诉廷理今天情况很特殊，请他破例放行一次，一切不就解决了吗？但是，这种方法楚庄王不会接受，他会说："那我当这个楚王干什么？什么事情都要考虑得这么周到，我像楚王吗？楚王就是我发布命令，你们负责具体执行。"

太子没有错吗？既然是太子，马上就要当新楚王了，修养还这么差，怎么行？可是，正是因为他是太子，所以他才修养不好的；如果他不是太子，他的修养反而会很好。也许你会反驳这种观点，你会说："如果是我，我一定会很有修养的。"实际上你恐怕在那时还不如他呢！一般人对别人和对自己往往习惯使用双重标准。

5. 怎样处置才能够使整个情况更为圆满？

其实，人无论怎么做都是不圆满的。所以，面对这种情况，所有人都要忍耐，当然忍耐也是有一定限度的。建议大家从现在开始要有一个"度"的观念，而"度"是拿捏来的。在平日的生活中，一定不要出大错，但可以经常出些小错，因为持续的小错可以不断地磨炼你，让你很快学会把握"度"，然后你就会很容易与人协调。

这种时候埋怨是最没用的，因为天底下的事情很少是在我们控制之内的。不能控制的东西太多，能控制的东西很有限，这才叫作风险性；如果一切都在你的掌控之中，那就只有安全性，而根本没有风险性了。

另外，任何比赛得第一名的永远只有一个人，现实是很严酷的。第一名永远只有一个，第二名和最后一名结果是一样的，都要被淘汰。所以每个人都要严格要求自己，决不能马马虎虎。合适的度固然很难掌握，但是你只有先于其他人掌握，才能立于人前。

法有弹性也是一定要树立的一个观念，但是要想使事情圆满，就还要学会在这个弹性之内坚持衡情论理。讲究情理就是坚持衡情论理，也就是要在法的范围内同时考虑情。圆满就是大家都有面子，相反，故事中的结局就弄得大家都很没有面子：太子首先没有面子，奉旨见父却被搞得灰头土脸；楚庄王也很没有面子，召见自己的儿子还会出现这样的局面；廷理也没有面子，奉公守法却得罪了太子。其实细究起来就是因为大家都缺乏变通，才导致出现这种不好的结局。实际上天下事没有一件是不能变通的，不能变通只有一个原因——找错人了。

中国人是世界上最善于变通的人，我们深信"天底下没有什么事情是不能变通的"。大家的心里都存在变通的需求和期待，好像不变通就表示不用心。

应变是必须的，不懂得应变，就不可能有效地变通。然而，应变有两种可能的途径，那就是投机取巧和随机应变。廷理如果刺马之后假装昏倒，或者干脆陪伴太子一起进去晋见楚庄王，大家会认为他是在投机取巧而心生恶感。

假设廷理事先知道太子要来，准备好小型马车，或者把衣服铺在地面上，这些行为基本上也可能被列为投机取巧。

因此我们要特别提高警觉。实际上，中国人普遍警觉性很高，所以疑心也很重，经常都是以怀疑的眼光来看别人。

要想化解这样的危机，只有平常用心，多多推演可能发生的情况，提出预先防范以及临时机动处理的方法，千万不可依赖于"一切按照规定"，而不去寻找应对例外情况的办法。

凡事有例行就有例外，平日多想想对例外事件的处置，到时候自然就会不至于心慌而手忙脚乱。

预防胜于治疗，是我们研讨完这个个案之后应有的一个深刻印象。可万一还是有特殊情况发生，那怎么办？我们最好心里明白，人生一世要想万无一失很不现实。因此要想在遭遇突发事件时尽量做好变通，主要还是要靠平日的表现。相信太子如果对廷理平时的表现感觉很好，这时候的态度也会缓和得多。

依据事后之明，我们认为在当时那种氛围下，廷理陪伴太子边跑步边高喊"太子有紧急事情要禀报大王"，使里面的人早做迎接的准备，恐怕是此时、此地、此情、此景下最为合理的变通。

中国人的沟而不通

中国人相互之间在进行沟通时常常是沟而不通，因为大家都在各说各话。沟通有四个层次：第一是不沟也不通；第二是沟而不通，不管你怎么沟他就是不通；第三是沟而能通，马马虎虎；第四是不沟就通，你不需要沟他就通了，这是比较高的一个层次。

追本溯源，我们并不知道什么叫沟通。譬如今天我们沟了半天，却根本就不通。所以不明白当初我们为什么会把英文 communication 翻译成沟通，我觉得翻译的人对此要负点责任，他如果把 communication

翻译成商量，那中国人就很容易了解什么叫沟通了。

西方人有什么事他会讲出来，他的态度是我有事情，就跟你讲；中国人有什么事决不会讲出来，他的态度是我有事情，根本不跟你讲——我有事是我的，跟你讲干什么。由此可见西方人的出发点是"我要跟你讲"，中国人的出发点则是"我不跟你讲"，整个过程都是不一样的。所以西方人还有什么隐私权呢？你跟西方人在一起，他会把他的全家福拿出来——一介绍给你，这就是他的隐私权。中国人讲来讲去都是讲别人的事情，从来不讲自己的事情，因此我们也就不需要隐私权了。

西方人是很天真的，他若是在外面出了洋相，他就会主动告诉你"那一天出去我出了很多洋相"。中国人要是在外面出了洋相，回来决不会告诉你，而是会说"我一个朋友在外面出了洋相"——他会把出丑都算在朋友头上，而从来不会笨到说自己的地步。

有一次我在一个地方讲课，有一个人举手问我："老师，我跟我的爱人经常意见不合。我每次这样说，她都有一大堆意见，我该怎么办？"我就问他："你爱人在不在这里？"他说："不在我才敢问呢，她在我怎么敢问呢？"我说那他就更惨了，因为他今天问的问题很快就会传到他爱人耳朵里面去。为什么？因为中国人对别的没有兴趣，唯独对传这种话最有兴趣。你看他又倒霉了吧，回去他爱人会责怪他："连这种问题也敢问，你生怕人家不知道我跟你不能沟通吗？"

他就很紧张地问我："难道我不能问问题吗？"我说："当然可以，不过你要这样问不就没有事了吗？你应该站起来说，老师，像我跟我的爱人就没有什么意见不合的地方，可是我一个朋友跟他爱人就是老吵架——就说你朋友，你干吗说你自己呢？"

中国人无论做什么都有自己的一套,如果今天我们放弃这一套很好的东西不用,却去学西方那一套迟早要倒霉的做法,结果只能是那四个字:自作自受。

中国人相互之间为什么不容易沟通?就是因为我们非常情绪化,情绪很不稳定。虽然全世界人都有情绪,但却只有中国人情绪起伏最大,动不动就发脾气,你还跟他沟通什么?不挨骂就是好的了。也难怪全世界最懂得情绪管理的是中国人,因为他的情绪波动是经常化的。

所以,中国人之间要好好商量,而不是多多沟通,因为根本就沟不通。中国人最典型的特征是什么事都好商量,所以大家要保持一种"我跟你商量",而不是"我跟你沟通"的态度。不信你试试看,"我们来沟通一下",对方心里就会生出不一样的感觉:我跟你沟通什么?有什么好沟通的?所以我们一味地学西方人的沟通,实在是有些不该,因为我们学得连话都不会讲了。我们一讲话就触动对方那根不高兴的神经,你也就只有自认倒霉的份儿了。

沟通与商量的差异

沟通与商量有区别

中国人为什么喜欢各说各话?为什么我们经常答非所问、顾左右而言他?你可以批评他,说这是坏习惯,其实不然。

一些人认为,沟通经常是为了达到自己的目的硬塞给沟通对象的,而商量则是找出共同的话题、确定共同的目标后才展开的,双方都是自愿的;所以试图去和中国人沟通,常常会沟而不通,并且很容易形成大家各说各话的局面。因为中国人最聪明了,沟通这种迫使别人接受的行为会让中国人马上就感觉到，于是他就会把"门"关起来，顾左右而言他，不理你了。而商量之所以能让中国人接受，就是因为大家有共同的目标和共同的话题，这才叫商量。

因此，当你跟一个人讲话，碰到你讲他却装着听不见的时候，你就要赶快去想他为什么会这样。你应该心里明白，对方那样做一定有他自己的道理，因为中国人很少会去做没有道理的事情。

我们要商量，一定要有共同的目标，一定要彼此互相协调，而不是你吃掉我。我们最怕被人家吃掉，因为我们的个性是吃软不吃硬的。你跟我硬来，我不会抗拒你，但是我绝对不会服从你。反过来，只要能好好商量，并且领导得好，大家就肯互相体谅。

我为什么要在这里用"体谅"这两个字呢？我经常问很多主管："你用什么方式讲话，你的部属才会听？"很多主管回答说："我要做到让他们对我很服气，然后他信我之后，他就会听我的。"

其实，中国人是永远不认输的人，所以他永远不会服你。

我们只佩服两种人：一种叫死人，死人我们没有话讲，但是只要你活着，大家就都有话讲；一种是外国人，因为外国人既不是你的亲戚，也不是我的亲戚，和大家没有面子上的关系。

所以主管不应该要求你的部属佩服你。假如有一天你的部属对你说："主管我很佩服你，你的能力、你的魄力、你的英明都让我钦佩不已。"说这话的人绝对是一个马屁精。你千万不要听他的，因为他说的不是真心话。中国人讲真心话是这样讲的："主管，我有很多意见跟你是不相同的，但是因为你很照顾我，而且我知道你一切秉公执法，一切为公，所以我体谅你的立场，我配合你的工作……"这才是真心话。

只要这个世界上还存在两个人，他们的看法就永远不会一样，父子也不可能一样。所以中国人才提倡同中求异，尊重少数，但却不可以服从少数，这是我们与西方差别很大的一个地方。因此我们要争取体谅，而不是赢得别人的信服，因为那是不可能做到的。

抓住人心，才好商量

管理讲求的是沟通，领导则推崇好好商量。管理只能管人的身体，领导才能抓住人的心。沟通需要通彼此之情才能心意相通。也就是说，沟通和商量可以产生不同的作用。

整个现代化管理是从美国开始的，而管理的第一对象就是别人的手，也就是从工作分析开始进行管理。真正的管理一定要把工作分析得很清楚，比如一个员工一来到公司就要为自己一天要做的工作列出一个清晰的计划表。这种模式很适合西方人，却不太适合中国人。而且这种方式对中国人也起不到什么效果，正所谓"上有政策，下有对策"，自古皆然。

中国式领导强调的是通过商量来抓住员工的心。中国人是最懂心的人：人在那里，心不一定在那里；心在这里，人一定在这里；人跟着心走，但是心却不一定跟人走。中国人所有的事情都是从心开始的。

第一，关心。把他的心关起来，使其跑不掉，这就叫作关心。

第二，带心。我们要带心而不是带人。

沟通叫作通彼此之情，所以中国人讲求的是心意相通，而不是沟通。只有心连在了一起，很多事情才好商量；心不连在一起，讲一百遍都没有用。

所以，中国式领导不是靠外在的东西，而完全是靠无形的心。心对中国人来讲是一个非常重要的东西，而沟通也真正是从心开始的，其中有很多奥妙无穷的变化，都需要聪明的你好好地去认识。

思考

员工打卡，不迟到、不早退，也不认真工作。

请问：
面对这种情况，领导该如何应对？
请把你的想法简要地写下来：

_____
_____
_____

分析

其实，员工打卡制度并不能很好地约束员工。因为大家都明白，所谓管得了员工的身体，却管不住他们的心。

比如你让一个干部打卡，他可以整天坐在办公室里不出去，即使什么事也不做你也拿他没有办法；再以采购为例，如果他每天只是把电话簿打开，打电话让别人送东西来，这种采购是最糟糕的采购，你也拿他没办法。而他心里一定在说："既然你要管住我，我就不出去了，免得又被你查问我为什么老往外跑。"买同样一样东西，他可以花10个小时，也可以花5分钟；有心的人会花上10个小时甚至10天买到最合理的东西，而无心的人只花5分钟，也就是敷衍了事地打一个电话。

这个时代慢慢地会让你知道打卡是没有用的，会让你知道要干部打卡对你来说是一种很大的损失，因为他心不甘情不愿。也许你会说，不打卡他们工作会很散漫，那该怎么办？

如果你当主管，你的部属迟到了，你怎么解决？很多人都会毫不犹豫地说："马上把他叫过来狠狠地批评一下。"其实这种做法是错误的。如果一个迟到的员工最担心的是挨骂，那说明这个员工根本就不值得骂；如果这个员工所担心的是耽误工作，他就会一心一意地做好他的工作，免得公司蒙受损失，这个时候如果你把他拦住训斥一顿，不仅会真的耽误他的工作，还会打击他的工作积极性。

所以如果你是主管，看到你的部属迟到了就应该体谅他，让他第一时间去把他要做的事情做完，其他一切都不是很重要。只有这样的主管才能抓住员工的心，才能从根本上提高员工工作的积极性。

本章要点

中国人很不容易沟通，但是却很容易商量，因为中国人非常情绪化。管理讲求的是沟通，领导则推崇好好商量。其实，无论是沟通还是商量，最终强调的都是一种变通精神，都是在寻求协调解决事情的好方法。

中国式领导强调的是通过商量来抓住员工的心，所谓人在心不一定在。所以，沟通真正是从心开始的，其中有很多奥妙无穷的变化，需要聪明的你好好地去认识。

第四章
创新先求降低风险

以管理求创新容易招致失败

什么叫领导？说白了，领导就是配合。大家相互之间都配合得很好，他自然就有领导的能力了。管理是什么？管理就是说有没有按照制度在运行，而那些很难配合的内容可能会在"三不管"地带出现。因此只要是管理，就不太容易实现合作；反之只要领导得好，就会充分合作。

所以说中国人到底能不能合作，答案只有一个，那就是看你领导得好不好。领导得好，中国企业就可以做强做大；领导得不好，企业规模只有小小的，永远做不大。我常常觉得很多老总很奇怪，他总是告诉人家自己的企业做不大；其实他不知道这是在讲他自己的笑话，这样讲就等于是在告诉人家他领导得不好。

领导是一门很深的学问，沟通也是一件非常困难的事，还有一样东西也是属于软件方面的，叫作激励。其实中国式管理就是三件事情：一个是领导，一个是沟通，一个是激励，但也正是这三件事情造成了我们跟西方的很大差距。生产管理、质量管理、统计报表，全世界都差不多，这是一些有共通性的东西。我们中国式管理的特殊性就在这三件事上。

但是中国的激励又很特别——没有一个中国人能从中感觉到公平。

而且任何公司都这样：没有激励的时候，员工抱怨缺少激励，有了激励，员工却又抱怨不公平。

一个美国人如果拿到2000美元奖金，他会很高兴，而且从来不会去管别人有没有。与之相反，一个中国人要是领到2000元奖金，就会赶快问别人："你有没有？"因为中国人非常关心别人。一看别人有，他就生气了：你有、我有、他有，算什么公平？那么，什么叫公平？是我有，大家都没有，就公平了。

我们是要求不公平，而不是要求公平。你问西方人到底公平好还是不公平好，他会回答："当然公平好！"你若问一个中国人同样的问题，他肯定不会回答，他会认为这种问题很无聊、很幼稚，因为对中国人来说根本就不存在这种问题。中国人问问题往往都会比较问得深入一点：你是喜欢合理的不公平，还是喜欢不合理的公平？你要这样去问，他就会选不公平。由此可见，我们的社会是在追求一种合理的不公平，这就叫作伦理。

公平是永远做不到的。我们只能追求到一种合理的不公平，而不喜欢不合理的公平，因为机会很有限、资源很贫乏，是无法实现绝对公平的。在企业里面，如果你没有把它好好地变成一种共识，你就很难管理企业，也很难领导员工。

由此我们就会想到创新，因为现在大家满脑子都在想着要创新，但是创新往往具有很大的风险性，因此你一定要小心。要想在管理上求创新，失败率是很高的。人不可以为求新而求新，一定要在综合考虑多方因素后进行合理而必要的创新。

企业不得不创新，但在进行创新时也要记住一句话——只有20%的创新是成功的，剩下80%都是失败的。由此可见，创新的成本是非常高的。你一定要小心，不要一味强调"变"，导致最后血本无归。

创新就是改变，这种改变需要慢慢调整，而不能急转直下，否则会让他人无法适应，没有办法配合，结果搞得天下大乱。任何事物都要随着时空慢慢改变，千万不可以突然间来个180度大转弯。比如你一贯的作风是对迟到的员工严加管束，但突然间却不理他了，不管他了，员工就会很紧张，就会想你是不是下决心不要他了。因此，领导的风格是要慢慢转变的，不能够改变太快，这样员工才有办法适应你。

变通的"通"字很重要。变通就是要变得通，如果变不通那还不如不变的好。因此一定要变到大家都通了，都有效果了，你才能去变，而不是说变就变。说变就变，别人就会拿你没办法，搞不清楚你到底要干什么，结果就会"民心大乱"。

作为领导你一定要记住，在公司进行创新前一定要明确自己企业的特殊性，即自己企业不同于其他企业的特殊氛围。这种特殊氛围是你平常的领导形成的，不能说变就变，一旦变到失去了这种特性，变到员工搞不清楚状况的时候，大家就无法配合创新了。

思考

商鞅变法

秦孝公支持商鞅变法。太子藏匿一犯罪王族，依法应该同处死罪。商鞅接受妥协，以太子的老师及侍卫长顶罪，分别削鼻及刺青。孝公去世，太子继位，商鞅被捕处死。

——译自《韩非子》

请问：

1. 商鞅变法，孝公大力支持，孝公一死，商鞅如风中之烛，如何是好？

2. 如果你是商鞅，你会接受妥协吗？还有更好的方法吗？

3. 如果你是秦孝公，你会怎么办？

4. 如果你是太子，你会怎么办？

5. 商鞅变法是不是只用法而不用术呢？

6. 商鞅的牺牲，值得吗？

请把你的想法简要地写下来：

_____

_____

_____

分析

变法就是创新，商鞅变法是我国古代一个非常著名的故事。而任何创新一定要有人支持，商鞅变法的支持者就是秦孝公。商鞅制定的法律是很严格的，任何人只要藏匿罪犯就同犯死罪，太子依法本应该被处死，可是因为犯法者是太子，所以即使是商鞅也接受了妥协，以太子的老师和侍卫长来顶罪。结果等到秦孝公去世，太子继位，商鞅也因为这件事被处死，这也就是所谓的作法自毙。

以下几个问题需要我们进一步讨论。

1. 如果你是商鞅，你会接受妥协吗？还有更好的方法吗？

对于这个问题，大多数中国人都会回答："我会妥协。"所谓"人在屋檐下，不得不低头""形势永远比人强"，这些虽然是老话，但是直到今天依然有其实际意义。在这件事上妥协没有错，错在搞错了妥协的对象，也就是找错了替罪羔羊。试想，商鞅用太子的老师和侍卫长做替罪羔羊，这本身就给自己埋下了祸根，因为这两个人都是非常有影响力的人。

2. 如果你是秦孝公，你会怎么办？

如果你是秦孝公，你也许会说："发一个免死金牌给商鞅不就没事了吗？"这样，等秦孝公死后，一旦灾祸及身，马上将免死金牌拿出来，不就可以躲过了吗？其实不然，因为秦孝公不会这么做，他希望商鞅自己想办法，而不是依靠他。

记住，即使上级支持你改革，在紧要关头他也不会出面救你。虽然每次老板都会说："你去做，我支持你。"但是，一旦发生了很大的问题，再去奢求老板的支持就会马上变得不可能。因为上级心里会想："我支持你是要你给我好好干，结果你给我搞成现在这个样子，还让我替你负责，免谈。"所以，对很多事情我们都要从多方面去衡量，而不要只从单方面去考虑。

也许你会问："秦孝公会不会骂太子？"答案是"不会"。虽然孝公支持商鞅变法，也能接受商鞅的改革方式，但是他绝不会为自己的支持负责。他不会借斩太子来显示自己的大公无私，因为特权永远都是存在的，而且永远也不可能消灭掉的。

3. 如果你是太子，你会怎么办？

你也许会这样回答：如果我是太子，第一，我根本就不会藏匿犯死罪的人；第二，如果他来找我，我一定把他送到法院去；第三，如果我真的犯罪了，我一定与庶民同罪。

只是这些话都是好听不好用，谁都做不到。因为领导的对象是人，管理的对象也是人，而人都是不完美的，都是相当不理性的。其实太子也可以连夜将犯人送走，等商鞅来查时，不留痕迹。这也就是所谓的"事出有因，但是查无实据"。可是太子之所以那样做，必然有其不得已的苦衷，毕竟趋利避害是人的本性。

4. 商鞅变法是不是只用法而不用术呢？

商鞅确实显得是有点用法不用术。比如商鞅完全可以在抓人前先去向孝公报告："听说太子藏匿了一个王族成员，那是一个犯法的人。我绝不相信有这种事情，您说太子会做这种事吗？"孝公肯定会回答："以我们的皇家教养，太子不可能做这种事，你们其他人有反对意见吗？"其他人一定会装聋作哑，这事也就可以不了了之。这是一种生存之道。

此外，商鞅还可以派一个武功高手潜入太子府内，把那个人抓走，然后再派人去搜查，最后再去向太子谢罪。这样大家都心知肚明，也可躲过一劫。

这些都是"术"。术可以分为权术和艺术两种，尽管这两种术表面上都是形式繁多，实际上却很有些不同之处。不过单从外在的形式上是无法区分这两种"术"的，区分点在于它们不为人所见的内在。

商鞅懂法不懂术，有的人却懂术不懂法，还有的人既懂法也懂术，却缺少形势的"势"。总之，法、术、势三者要同时运用才有效。

5. 商鞅的牺牲值得吗？

这个问题完全是一个个人价值观问题。到底值得还是不值得，应该比较客观地来判断。从客观上看，商鞅一心一意想把秦国治理好，没有私心，但是最后却落得个如此悲惨的下场，着实让人有些心寒。

实际上，任何创新都是既要有资金、人才的支持，又要有市场的需要，最后还不能缺少上级的支持。

所以商鞅的牺牲其实是不值得的，因为这种牺牲很愚昧。不过他的牺牲也为后人敲响了警钟：领导创新要站在不变的立场来变，才能降低风险；一个人单纯是为变而变，整个事情就会很麻烦。

我们知道商鞅是先秦时代著名的法家代表人物。他认为好名、好利是人之常情，我们没有办法去除，也很难避免，因此最好的方式就是利用人这种好名、好利的欲望来设置刑赏,由主管依据部属的功过行使赏和罚。而且刑比赏更重要,他主张刑多而赏少,因为上司拥有一定程度的权势,部属不敢反抗。

为了保持主管的权势,商鞅主张立法,使权势变成制度上的权力,同时也依据制度来防止权力的滥用。先秦法家认为管理的主要骨干为法、势、术。法的标准与势的强制都需要一套方法,即术的运作。主管必须用术来统御部属,才有办法巩固权势而贯彻法治。

主管依权势来控制部属,定法令规章来约束、规范部属的行为,用术来促使部属接受权势,依规定而行事。从这个个案看起来,商鞅在法家所主张的法、势、术之中,显然有法而无术。

立法之前,只取得秦孝公的支持,却未能获得太子的认同;接受妥协,居然把太子的老师和侍卫长抓起来顶罪。商鞅这样做,自然保不住自己的性命,因而也就难免会被后人诟病为作法自毙。

因此在进行变法创新的时候,首先要获得上级权势的支持,然后依据法令规章在许可的范围内进行,此外还需要一些技巧,在领导、沟通、激励的软件方面获得相协调的效果,这样变法创新才能逐步推行开来。

领导者创新强调以不变应万变

领导人创新的特点是站在不变的立场来变,从而降低风险。如果只是为变而变,整个事情就会变得很麻烦。切记:领导创新的最高智慧就是以不变应万变。

以不变应万变是全世界最高的管理智慧,但它所强调的实际上是变,而不是不变。中国人历来推崇《易经》,那里面有两个重要观念:

一个叫不易,一个叫变易,后来又从中演变出第三个概念——简易。这三种观念深藏在中国人的脑海里:中国人做事情简单明了,不拖泥带水,这就体现了简易;不易不是不变,而是变得比较慢;变易则是变得比较快。

正所谓天下没有一件事不能变通,大家一定要明了"有所不变"是本,"有所变"是道,本立而道生。它的基础是"有所不变",没有"有所不变",你就不知道什么叫"有所变"。总之,中国的哲学就是变易哲学,它强调的是这世上根本没有不变的东西。

思考

某公司改变薪资结构,有人受惠,也有人受损。

请问:
1. 如果你的薪资被减少了,你会怎么办?
2. 站在管理的立场,只要条例通过就照新法办理好不好?
3. 站在领导的立场,有什么补救的办法?

请把你的想法简要地写下来:

_____
_____
_____

分析

下面我们来分析和讨论几个问题。

1. 如果你的薪资被减少了,你会怎么办?

其实,每一次创新都是有人受惠有人受损。如果薪资减少了,相信不会有人很开心。但是站在管理的立场上，新的条例只要通过了就必须执行。

2. 站在管理的立场，只要条例通过就照新法办理好不好？

这种情况是经常可以碰到的，比如按照原来的薪资结构，你的工资是5000元，现在却只有4800元。事后，上级一定会就此事征求你的意见。如果你说："我拥护新的政策，少领200元只是我个人的事情，请大家不要介意。"这样的回答一定会让所有人都生疑，他们心里准会想："你一定暗中得到什么补助了，不然怎么会这样？"

3. 站在领导的立场，有什么补救的办法？

如果站在管理的立场，你可以按照规定办理。但是站在领导的立场，你一定要明确告诉员工：凡是因为新的薪资结构而减薪的人，先照原来的薪水标准执行，慢慢地才会完全使用新的规则，这中间有个过渡时期。比如你原来的工资是5000元，现在按照新的办法应该是4800元，但是现在还是按照5000元给你，然后用一年时间慢慢地步入正轨。

创新方式因民族性不同而不同

现代化绝对不等于西方化，国际化也绝对不等于美国化。民族性不同，注定会有不一样的创新方式，所以我们绝对不能盲目模仿西方，因为美国有美国的国情，我们有我们的国情。

不管在什么事情上中国都有自己独特的一套，这是一个很有趣的现象。事实上，中国能够有连绵5000年的历史，是一件很不简单的事。所以中国文化的存在一定有它的道理，它赋予了我们许多独特性，我们要尊重传统，而千万不可妄自菲薄。但是传统流传久了就可能变质、失真，需要改变过来，所以大家也不要盲目地接受传统，而是要正本清源，把优秀传统传承下去。

管理无所谓好坏，每个民族都有自己的一套，日本人有日本人的一套，美国人有美国人的一套，中国人自然也有自己的一套。但是由于日本和美国的管理方式对我们影响很大，以至于我们现在变得很盲目，没有认识到我们自己也有一套管理模式。

在日本管理方法风靡之时，我们国内有许多老板都在学习日本的管理方法：给员工一点点钱，结果却把员工折磨得不像中国人。你说这种老板还有什么良心呢？这种老板需要好好自我反省一下。其实全世界都在笑日本人。全世界只有日本人有对客人的下跪服务，这种以牺牲个人尊严来换取商业利益的方式适合日本人的文化，绝不适合中国人的文化。你问日本人："对客人要不要亲切？""要！""要不要笑容？""要！""你做不做得到？""做得到！"他真的做得到：他从早上上班一直到晚上下班始终都是笑嘻嘻的，都是"欢迎光临！"反过来你问中国人："对客户要不要亲切？""当然要！"但如果一个中国人从头到尾都是"欢迎光临！"其他人看这个人就会觉得太怪了。因此，不要强求一个中国人变成日本人，而且这样做对中国人是没有效果的。

美国人销售产品时绝无二价，而中国人如果不让砍价就不买了，中国人认为不砍价的人是最吃亏的人。"你不让砍价有什么了不起，我到网上去买，立马比你便宜。"这是中国人的心态。所以我们现在养成了如下习惯：先到商场去看看有什么好东西，知道价钱后记下来，然后再到网上去买。商场于是也就变成了观光场。

中国人基本上不太讲什么创新，对于改善则是人人喜欢，但在进行改善时也需要讲究一些策略。对此，很多人都不了解中国人的这种心理作用。如果你告诉他,我不变,他就会很放心,然后你才开始变,他就不会抵抗;如果你说我要变了,他就会不管三七二十一统统抗拒,不让你变。

以公司新领导就职为例。公司的新领导就职时,首先要告诉员工:人事稳定,所有人的职位都不变,然后再开始改变——3个月之内所有人都换掉。如果一开始就说要把人换掉,那领导就完了——先被换掉的肯定是领导自己,不然整个公司都不安定。

只有说不变之后再变,在改善过程中才不会有太多的抗拒。说变就变,所有人都不会让你变。这里面的道理真的值得我们好好去体会一下。

由此可见,创新一定要考虑我们的民族性。很多事情只有从民族性的角度去了解、去调整,才会有真正的创新。

我不赞成说现代化管理要本土化,那就表示我们本来没有管理。其实像万里长城、故宫这些宏伟的建筑工程,早已证明我们中华民族原来的管理就十分优秀、十分先进。那些百年老店之所以能够坚持下来,靠的是一套很严密的管理体系。海尔集团实施的也不是美国式管理,而是中国式管理。所以我们中国的现代化管理,指的是真正学会用自己民族原有的管理来进行管理,而不是把别人的管理拿来本土化。

其实技术对全世界来讲都是一样的,都要求必须按照规则、标准严格实施,适合在基层执行;而领导则是高层的东西,讲求适时变通,好好商量。可以说,全世界的高层都很像中国人,全世界的基层都很像美国人,所以你要学美国人,就只能一辈子做基层。

🌟 本章要点

21世纪一定会是一个以中华文化为主流的世纪,这是由全球当前发展的大环境造成的。21世纪提倡的是管理合理化，即管要管到合理，做也要做到合理。

管理如果只求创新，失败率是很高的，因为人不可以为求新而创新，而一定要在综合考虑各方面情况后进行合理的、有必要的创新。领导创新的特点是站在不变的立场来求变，这样容易降低风险。领导创新的最高智慧是以不变应万变。

本篇总结

现代管理面临组织庞大、制度僵化、公事公办三大难题。由于组织庞大、人员众多导致意见分歧，很不容易建立共识，产生协同一致的力量。组织内的规章制度由专家订立，一切事务也都委托专家处理，而专家的缺点是只见树木，不见森林，只知其一，不知其二，以致制度僵化，在分工之后，各执己见，很难加以整合。于是一切按照规定行事，一切都流于公事公办。天长日久，不但缺乏人情味，而且人与人之间也没有什么情谊可言，终致士气低落，照章行事，没有服务的心情。

在这种情况下，最要紧的便是提高领导的比重，通过有效的领导来促进彼此的沟通，寻求相互的包容与谅解，由将心比心到意志集中，以建立共识。在分工之后，经由合适的领导，促进大家的共同合作，在和谐的氛围中顾全大局，而不计较个别的利害。有制度，还能够进一步在制度许可的范围内做出衡情论理的动作，然后合理解决。这样才能够化解公事公办的框架，通过合理的人情来寻求圆满的通情达理。

管理以事为中心，领导却以人为主轴。过度管理，难免视人犹物。因此也只有重视领导，才能充分发挥人员潜力，适当地应变，合理地创新。

第二篇
**分层负责比分层
授权更好**

现代社会知识普及，建立服务的人生观也就变得愈来愈重要。一个人有没有知识，要看他能不能为社会服务。凡能服务社会、有益于社会的，就是有知识。同时一个人知识的多少，也要看他对社会服务的大小而定。能够运用他的知识为社会服务，感化很多人，发挥最大的效果，就是有很多的知识。

有了服务的人生观，组织阶层的划分也就有了垂直分工的方便，而不可能变成阶级的对立。有了服务的人生观，组织三阶层便可以配合《易经》的天、人、地三才之道而运作。

从自然现象来看，上为天，中为人，下为地，十分清楚。中国古代以天、人、地为宇宙间主要的对象，其相对位置固定不变，如图10所示。

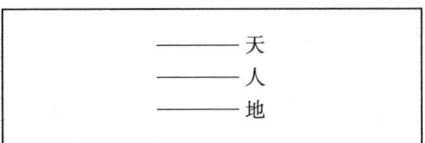

图 10　天、人、地的相对位置

天有天的用途，人有人的使命，而地也有地的功能。三者各不相同，各有所长，各具特性，因此称为"三才"，代表三种不同的才能。三种不同的才能互相配合，彼此发挥所长，造成宇宙的生生不息。这

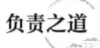

一道理就叫作三才之道。

从空间看，天高高在上，处于这样的位置，形象十分重要。人们平时也很注意天象的变化，因为它直接影响到我们的生活。地低低在下，居于基础的位置，所以它的坚实可靠与否相当重要。中国人特别重视地理环境，因为它和我们的居住、作息具有密切的关系。人居于天地之间，必须认识到天体刚、地体柔，做到刚柔并济，才能合理行事。因此人的主要功能也就在于合理行事，即把应该做的事情做到合理的地步，便合乎仁义道德，如图11所示。

```
天 ———— 形象（阴阳）
人 ———— 道德（仁义）
地 ———— 坚实（刚柔）
```

图11 人的三才的空间特性

从时间看，天象重在未来的预测，因为过去的天象已经成为过去，对大家的影响也已经固定下来。所以重要的是未来它会怎样变化，我们如何预先准备好来适应它。地理的形成，乃是过去数不清的年代累积演变的结果，带给我们可用或不可用的场地。它在未来也许还会发生变化，但至少从目前的情况来看，不如过去的结果那么重要。人应该记取过去的教训，面对未来的变化做出合理的应对，即随时调整以求合理，其表现时间则以现在为最实在，也最可贵。只有珍惜现在的时刻，才能应用过去的经验开拓出未来的前程，如图12所示。

```
天 ———— 未来（变化）
人 ———— 现在（调整）
地 ———— 过去（固定）
```

图12 人的三才的时间特性

综合起来，天以阴阳变化为主，有时阴雨天，有时出太阳，这样的变化以"时"为主。因为天太久不下雨或者长期阴雨，对人类而言都不是好现象。中国人向来注重"天时"，认为人应该密切注意天时的变化，及早做好万全准备来应对天气的变化。

地以刚柔配合为主，有的地方刚，适合建筑高楼大厦；有的地方柔，便于播种植物。如果全国都是沙漠地带，人们的生活必定非常艰难；若是全国都是沼泽，生活也十分不容易——必须有山有水，有高原也有平地，刚柔相配，才有利于人类居住生活。所以地以"利"为主。

人以仁义道德为主，表现为合理的行为。中国人相信管理和伦理之间具有密切的关系，因为管理是外在的伦理，而伦理则是内在的管理。我们认为事情的成效、得失，都是人们善的行为或不善的行为所造成的结果，所以人应该修身正己，才能得到天时、地利的帮助，达到人和万事成的良好结果。人只有以"和"为主，才能获得大多数人的爱戴，得到众人的协助。

组织三阶层，配合三才之道。高层依天道，一切作为均仿效"天"的样子，以"时"为主要使命，重在预测未来，掌握未来的变化，制定发展的方向。中层依人道，一切作为均依照"人"的样子，以"和"为主要使命，力求和谐互助，彼此协力合作，合理解决问题，完成预定的工作目标。基层依地道，一切作为则依据"地"的样子，以"利"为主要使命，将其所负责的工作依照工作规范在限定时间内完成，来谋取组织的最大利益，如图13所示。

高层的使命像"天观照一切"，站在组织全体的立场来实施综合性的策略指挥。中层的使命像"人沟通协调"，将高层的策略加以具体化、明确化，并且做好部门之间的协调与沟通，以维持组织的正常运作。基层的使命像"地生长万物"，确实按照计划认真执行，严格控

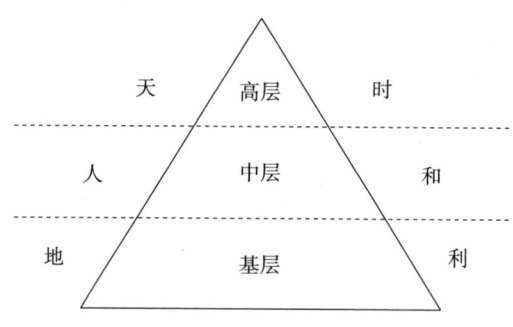

图 13　三阶层的使命

制,并且如期完成作业。

天善变,所以高层主管常常变来变去,说出来的话好像不算数——因为他的想法必须因应未来的变化而改变——刚刚下道命令,马上又变更内容,甚至完全取消。

地不变,基层员工必须一切按照既定的工作规范去做,一点也不能够改变,做出的产品品质才会良好而稳定。如果基层员工擅自做主,自己爱怎么变就怎么变,那么产品的品质必然非常不稳定而令人担心。

人不可以不变,也不可以乱变。中层主管对上要承受上级的变,对下又要适当地让基层员工保持不变,所以他应该及时调整自己,以求适时应变而达致合理的地步。

这种天变、地不变而人应变的特性,恰好构成高层善变、基层不变而中层应变的配合,如图 14 所示。

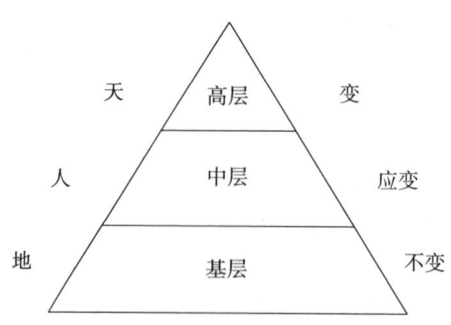

图 14　三阶层变与不变的配合

天从来不做事，因此高层主管也不应该事必躬亲，但却必须了解部属——让合适的人去做合适的事才是"用天下"的气度。

地长万物。工厂的产物，是基层员工做出来的；所有对顾客的服务，也都是基层员工直接提供的。因此，基层员工像地，应该无尤无怨地生产物品、提供服务。

人应该做事。中层主管依照人的样子承受高层的命令，合理地指派基层人员的工作并辅导他们把工作做好，因此他们往往必须处理很多事情，这叫作"治天下"。

这种天不做事、人做事、地生长物的特性，构成了三阶层在用与被用方面相互配合的原则：高层用天下、中层治天下，而基层则为天下用，如图 15 所示。

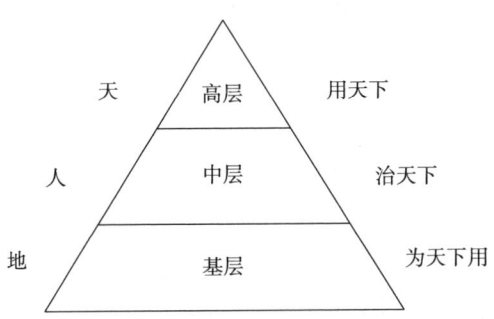

图 15　三阶层用与被用的配合

自我测试

请你结合中国的习惯和文化，把下列表述中正确的选项代号填在括号里（不定项）。

1. 中层干部需要的是（　　）

　　A. 能力　　B. 能干　　C. 无为

2. 下面关于管理者描述正确的有（　　）

　　A. 管理者要多说多做　　B. 有时候要睁一只眼闭一只眼

　　C. 用高学历的人　　　　D. 对下属的事情可以不问，但要了解

3. 把不能负责的事情推给上级，这种推脱（　　）

　　A. 表明工作人员缺乏能力

　　B. 不是推卸责任，而是委托给适合负责该事情的人

4. 你认为进行工作检查时应该（　　）

　　A. 定期进行　　B. 不定期进行

5. 你认为应该把工作进展都及时向上级汇报吗？（　　）

　　A. 应该　　　　B. 不应该

6. 上级向你授权，对此说法，正确的选项有（　　）

　　A. 获得授权是一种荣誉

　　B. 为了持续保有这种权力就不要太招摇

　　C. 要时时注意消除上级的怀疑

参考答案：

1. B；2. B、D；3. B；4. B；5. A；6. A、B、C。

如果你选择的正确观点数量在 8 个以上，说明你对如何分层授权颇有研究；

如果你选择的正确观点数量在 5～8 个之间，说明你对如何分层授权有初步的认知；

如果你选择的正确观点数量少于 4 个，说明你对如何分层授权的认识还相当有限。

无论你选择的正确观点的数量是多少，总有需要完善、值得学习的地方。因此当你翻开下一页的时候，你就会发现分层负责的魅力。

第五章
分层授权可以无为而治

授权的好处大家都知道,但却很少有人能够体会到授权的坏处。所以根据我国的具体国情,我们主张用分层负责来代替分层授权,而不主张直截了当地授权。

组织中的权责利

有一句话叫作回归自然,英文是 Back to basic,就是回归基础、回到原点,然后回归自然。实际上,中国人是最知道自然的道理的。在自然现象中,人头上有天,人脚下有地,人在天地之间。这是一个非常自然的现象,如图 16 所示。

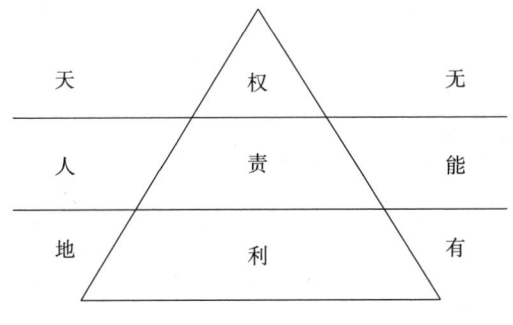

图 16　权责利的关系

如果把一个组织也划分成三个阶层，那么高层就是天，基层就是地，人处在中间，所以叫作中间干部。如果能够弄清楚这三个概念，整个组织的运作那就真是完全合乎自然了。

三阶层权责利的关系

天与高层的权

谁有权呢？天有权，而且天还没有责任。天要下雨，就下了；要打雷，就打了。天一打雷把人打死了，却没事，所以高层具有权。天是无，天上一无所有，所以它什么都不要做。所以高层应该倾向于无为。

如果老板很有能力与魄力，那就惨了，结果只能劳累自己，死得很快，并且没有太大价值。我们中国的老板都是不说话、不做事，什么都不要，但是他却大权在握。这在西方人看来是很难体会的。

人与中间层的责

人没有权，但却是有责任的。在我们的概念里，人活着就是要尽责任，尽自己义务的：父亲有父亲的责任，儿子有儿子的责任，老板有老板的责任，干部有干部的责任，员工有员工的责任。中间管理层负有责任，但是却又没有权。人要能干，但能干并不仅仅是有能力，有能力并合理表现其能力，才是能干。

地与基层的利

地没有权，也没有责任，所以员工是没有责任的，而且员工也没有权力。我听到很多干部总是跟他的部属讲："这是你的责任！"老实讲，部属听了心里会很好笑："我的责任？谁领的钱多？"

但是地有利，会长东西的地才是好地。所以员工只想多赚些钱，多得到一些福利。这是理所当然的，也非常合乎自然。

所以，高层有权，中间干部尽责任，而基层只想得一点好处，这是没有错的。如果你能够顺应这种人性去带人，就可以把人带得非常好。但员工想要得到一点好处，就一定要好好表现，把事情做出来，而要把事情做出来就必须有能力。那么真正能干意味着什么呢？

思考

能干与有能力差别很大。我们常常说某个人有能力，但这并不代表他就一定能干。因为他有能力，他就会受到他人的嫉妒和排挤，在这种情况下，如果他无法合理地表现出自己的能力，他一点儿都不能干。

请问：

1. 老板应该能干吗？
2. 为什么西方人喜欢分层授权？

请把你的想法简要地写下来：

_____

_____

_____

分析

我们来分析两个问题。

1. 老板应该能干吗？

不能！老板一能干，其他中层管理者就只好装不能干，然后满足于老板的能干，结果老板就会变得异常忙，变得异常疲惫。

天有权，人有责，地有利，所以我们要发展基层员工的地利。而每一个人要善尽自己的责任,则一定要把握好权、责、利这三个字。现在的老板大都很能干,但老板一能干,整个公司很快就垮掉了。可惜的是,在现实生活中很多人都没有办法意会到这一点。

西方的老板要能干,中国会当老板的人就不要能干。我们常常看到那些真正赚到钱的老板,整天都是在那儿优哉游哉。为什么?因为他的部属已经为他将所有具体的细节工作做好了。如果老板完全依赖他一个人的能力,就很难做到这一点,特别是在企业规模不断扩大之后更是如此。

我们只有明确了上述观念,才能知道"无为"是件很了不起的事情。只有无为才能够无不为,老板无为,干部才能够无不为;老板无为,中层才能够无不为。

2. 为什么西方人喜欢分层授权?

西方人的观念是神本位。他们始终相信有个神在,始终相信上帝可以主宰一切,他们认为君权是神授的。国王或皇帝非常有权,但权是神给他的,这叫作君权神授、天赋人权。

但我相信"天赋人权"这句话是中国人翻译的,因为它的意思基本上是比较接近中国人的观念的。人可以有权,但是天赋的,而不是神授的。我们中国人承认天,但是西方人则认定神。

所以从这个角度来看待西方的一些思想,就可以说,既然神授权给我,我就可以授权给你,你就可以授权给他。

中国人好像就不是这样。中国人是人本位,不是神本位。我们以人为本,这一点始终没有改变过。我们讲的是天理良心,天理是天,良心是人,你只要凭良心,老天就会站在你这一边,你就可以行使你的权。基本上老天的权只授给有良心的人,而不授给没有良心的人。所以中国人才会动不动就讲要有良心。

先有责任后有授权

我们经常讲授权，但权是什么呢？权共有三层含义。

第一个是权变。同一件事，只有你可以改变，别人不能改变，当然就是你有权。两个人在一起，谁可以改变另一个人，谁就有权。比如老板可以改变干部，老板就有权；主管可以改变部属，主管就有权。所以说，权就是权变。

有一个词叫作权宜应变，这里面的"宜"字非常重要，它的意思就是要变得合理，不能乱变，乱变就是滥用职权。但在现实生活中，我们有权的人却经常都在滥用职权，结果搞得天下大乱。

一个人有没有权变的能力、能不能改变，是件很重要的事。你可以改变，但要凭良心，不凭良心，天就把你的权收回去。不信你去看好了，凡是不凭良心乱变的人，没有一个有好结果。

第二个是权限。权是有限的，而且是非常有限的，因此我们又称其为权责范围。

这里面有个字叫作"责"，可见只有有责任的人才可以有权，不负责任的人是不能够有权的。其实这也就是说权责范围以责为重，而不是以权为重。

西方人以权为重，你给我多少权我尽多少责任；中国人则恰好相反，你尽了责任我就给你权，你没有尽责任我就不给你权。两者出发点不一样。西方人是你先给我多少权，你给我多大权力，我就去尽我的责任。中国人则是：你先做给我看，越做得好，我越支持你，我越授权；你做不好，还要我授权，我授什么权？权给你也没有用。

第三个是权衡。我们叫它权衡轻重，它是个度量衡，就是要把那个"度"抓出来，所以权、责、利这三种东西的轻重是用"度"来衡量的。

权是可以拿来改变人、改变事情的力量。你承担多大责任，上级就授予你多大权力，而不是首先授权给你，你才去尽责任。那么到底是分层负责还是分层授权好呢？西方人很喜欢讲分层授权，中国人则比较喜欢讲分层负责。你负责当然授权给你，你不负责授什么权？这当中自然有一个轻重权衡。当然，我们有时候也会先给你权，可那是特殊情形，特殊人物，特殊事情，特殊环境。一般来讲，我们是不会那样做的。

人这一辈子基本上就是要善尽你的责任，我们很少讲到权。

曾经流行过一句话："不要让你的权力睡着了。"其实我是不太赞成这样讲的。中国社会争的人没有权，不争的人反倒有权。我们总是照顾那个不争的人，而不太会去给那个争取的人权力。事情的结果经常是，想要权力的人争了半天却被干掉了，别人反而得到了好处。西方社会是争的人得到好处，中国社会则是让的人得到好处，争的人失掉很多，两者的社会背景是不一样的。

有人会说，现在不一样了，人们会怕争权的人，确实没错。但是领导往往只给争的人一点点好处，照旧会去照顾那些不争的人。因为社会靠的是那些不争的人，而不是靠少数争的人。公司里面如果谁争谁就有，那这家公司是没有希望的，那就是笑里藏刀，每一个人都只顾自己。中国人在争上讲究不争之争，即以不争争之。通过不争来争，这是最会争的人。西方人都是用争来争，那是很表面的事情。

什么叫不争？不争就是让，所以中国人最高明，用让来争。会让的人，他能争到最终，所以我们中国被叫作礼让之邦。礼仪之邦就从这里来。

中国人在任何事情上都是让来让去：大家走到门口让来让去，分东西时让来让去，吃饭就座时也是让来让去。面对一大堆苹果，人们都会盯着最好的，但如果你伸手直接去抓，那你就完了，你就得罪了所有的人。虽然每个人都在看，都在比较哪个好，但是谁也不会先伸手去拿，因为我们有个默认的规则：谁先拿，谁后拿，是有定规的。每个人该得多少，自然都会得到的。

其实我们从聚餐中就可以看出来。现在的年轻人不懂这些，结果吃了很大的亏。菜一端上来，年轻人二话不说，拿起筷子就夹，这样的人是不会有前途的。事情往往是，菜一端上来大家就开始转餐桌上的玻璃转盘。实际上转就是让，那么让给谁最合适呢？当然是权限最大的人了。大家衡量谁的权限大，谁可以改变这个现实，也就是改变整个盘子——把它挖一角就叫改变。因此，所谓权，就是把整个盘子挖一角，这就是在行使职权。所以大家看领导没有动筷子就都不动筷子，就是表示我们尊重领导。而领导就是有动筷子、改变现状权力的人。所以当领导的人，此时你就不能再转了，大家把菜转到你这儿来，你就看你喜欢的夹一筷子，然后再转过去。

中国人都是在按照这个规则去做事，而不是按照西方的那一套做事情。

思考

公司管理层为员工薪酬设计颇费周折，很伤脑筋。

请问：
在中国企业里是应该实行能者多劳呢，还是同工同酬？
请把你的想法简要地写下来：

_____

_____

_____

分析

中国是一个能者多劳的社会，西方则是一个同工同酬的社会。

所谓同工同酬，就是指你给我多少报酬，我做多少工作。中国人则是能者多劳，你能干，你就多做一点。中国人的这种做法其实是最高明的。我们常说公司给你的第二份薪水是什么？是机会，磨炼自己的机会。这是一种非常难得的报酬，是不能用钱来衡量的。没有工作机会，你根本得不到磨炼，也就不会成长。所以领导应该通过分配责任促使员工成长，然后才是授权。

分层授权的好处

凡事请示浪费时间，会养成不负责任的坏习惯

凡事都请示是很浪费时间的。到了办公室开空调是你的工作，你就去开吧，难道还要为这去请示一下主管不成吗？一上班开电脑是你的事情，难道也要等上级的命令，也要去请示吗？

我们上班做工作是责任，不是权力。凡事都请示，只能说明这个人一点责任感都没有。员工完全听从于上级的指示来被动工作，只会使自己养成不负责任的坏习惯。我们应该把权力和责任区分清楚，做自己该做的事情，是尽责任，不是运用权力。因此，在选人时一定要抓住重点。我们要的是负责任的人，而不是只会享受权力的人。

分层授权，各人尽责，既提高工作效率又降低成本

早在18世纪，亚当·斯密就在他所著的《国富论》中对分工提高工作效率作了精妙的描述。一根针如果是一个手工匠制作，可能需要数月，但是如果有一批相互分工的手工匠合作生产，可能只需要几分钟的时间。所以提高工作效率的途径之一就是要分工、授权，各尽其职。

权责合一，责任分明

在分配责任范围之后再进行授权，可以实现权责合一。每个人都安心于本职岗位，在获得权力的同时，也能恪守职责。这样人人都会充分利用时间来完成自己的本职工作。

中国人的授权与西方人的授权是完全不同的。西方人是先授权给你，你再负责任；中国人则不可能很明确地授权，而是要你先负责任，然后再授权。

我们现在最喜欢的，就是一方面使工作效率提高，一方面使成本降低，因此我们就寄希望于授权。但是授权的目的是个人尽责，而我们往往又做不到这一点。

会尽责任的人不会去争取权力，相反一天到晚想着权力的人基本上也是不可能尽责任的。假若一个人有责任感，他对权力就没有多大兴趣，他只会想："我只是把事情做好，我要权干吗？"有权会影响尽责任。

你没有权，就可以一心一意地去尽自己的责任；你有了权，反而会影响你尽责任。所以我经常讲，授权的好处大家都知道，但是授权的坏处却很少有人清楚，因为我们很少有人去分析。

分层授权的目的是个人尽责，尽责任就是要按照道理来做决定。如果一个人有了权力以后能够一心一意尽责任，能够按照天理来发挥权限，那当然很好了，问题是假如他在有了权力以后把天理摆在一边，只享受权力，滥用职权，而不尽责任，那你可就惨了。现在有太多的人都在滥用职权,以至于产生了很多弊端,等到你知道已经来不及了。

人人都能充分利用时间,而且权责合一、责任分明,当然是很好;问题是说起来很容易,做起来却几乎不可能,这点才是我们头疼的事情。

有权的人他会充分利用时间吗?他满脑子只想着如何利用这个职权,不太可能会去做事情。相反,无权的人认为反正自己没有权,只有责任,于是他就会很专心地工作,一心一意地把任务完成。因此,权责合一,只有在特殊时期才有可能,一般情况下是做不到的。能够做到权责合一的人也是少数人,而不是多数人。

责任分明在西方社会很容易做到,但在中国社会就非常困难。

西方人对于责任的描述叫作工作说明书,英文叫作 job description,就是把工作一条一条地描述出来,第一条、第二条、第三条……写完就没有了。中国人也都有一个职位说明书,也跟西方人一样,第一条、第二条、第三条……但最后中国人一定会再加上一条:其他。中国人本来分工分得也很明确,但一加上其他这项内容,就弄得乱七八糟,马上就会冒出一个"三不管"地带——这不是你的,也不是我的,推来推去,推到最后没一个人干。

同样是分工,西方人分得清清楚楚,中国人却可以分到不清不楚、推来推去的地步,这是中国式管理不可改变的事实。

我们不反对授权,这一点已经说得很清楚了,但我们要知道中国人的授权跟西方人的授权是完全不一样的两码事。西方人是我授权给你,你要给我负责任;中国人是你先负责任给我看,我再授权给你,我不能冒险。我冒险授权给你,你却不负责任,回头把我搞得一塌糊涂,那我可就惨了。

所以中国人不可能有很明确的授权——他的权是可放可收的,好像授给你,又好像没有授给你,你说没有授给你,他说你在做就表示我会授权呀!我不授权你怎么做呢?!你说那就明确授权给我得了,他说那我收不回来怎么办——这是最可怕的,这样一来他很快就被架空了。

只要你把本来就很有限的权授出去,你就会整天坐在那里晃来晃去,一无所有。中国人可以在形式上晃来晃去,却不可以在实质上不掌握实权。中国人是我掌握了实权,我就可以晃来晃去,我实权都没有了,再晃来晃去,那叫慌张失措,也就是不知道哪一天就要被干掉了,就这么简单。

所以中国人嘴上都讲得很好听,我充分授权,其实完全不是那么回事,顶多是自我欺骗而已。我在电视上看到某人说他要授权,我真的不太相信,因为如果已经授权,他就没有资格再坐下来讲东讲西了;如果有的话,他就变成了别人的傀儡,也就是权被别人抓着,让他讲什么就讲什么,真要这样可就有一些可怜了。

手握实权你就可以无为,因为你有权在手还怕什么?而且就那两只手,并没有第三只手。所以中国人一只手抓人事权,一只手抓财务权,这叫人财两得,其他都由别人去管。

本章要点

授权管理是西方管理理论中一个非常重要的内容,在本章我们主要关注两个重要的问题:一是为什么在中国要讲分层负责,而不仅仅是分层授权;二是授权有什么好处和坏处。

在本章中我们指出,虽然西方人讲分层授权,但依据中国的文化习惯以及中国古代哲学中关于天、人、地的观点,我们提出了采用分层负责要好于分层授权的观点。然后在上述分析的基础上,指出应当明确两个观点:首先,老板应该懂得充分授权,懂得无为而治;其次,在授权之前必须有明确的责任划分。根据中国人的文化习惯和思维方式,我们主张能者多劳,要先负责再授权。

最后我们则谈了分层负责能给组织带来哪些好处。

第六章
分层授权容易导致权力失控

分层授权的目的是个人尽责。如果一个人有了权力以后能够一心一意地去尽自己的责任，那当然很好了；问题是他有了权力以后，如果只享受权力的好处而不尽责任，那样你可就惨了。所以我经常讲，授权的好处大家都知道，但是授权的坏处却很少有人清楚，因为我们很少有人去分析。

中国人有其特有的习性：我们对任何事情都不求甚解，好像一看就懂，所以常常很难深入，这是我们自己要提高警觉的；同时我们又喜欢质疑别人，因为我们都是相当有成见的人；而且我们每一个人都很固执，要改变中国人非常困难，因为我们都很自以为是。

争权夺利、弄权与滥用职权

在具体分析分层授权的弊端之前，我们先来看看争权夺利、弄权、滥用职权具有哪些危害。

争权夺利

高层有权，基层有利，中层有责任，可是他们的责任到底是什么呢？不是别的，就是争上级的权，夺员工的利，简称争权夺利。如图17所示。

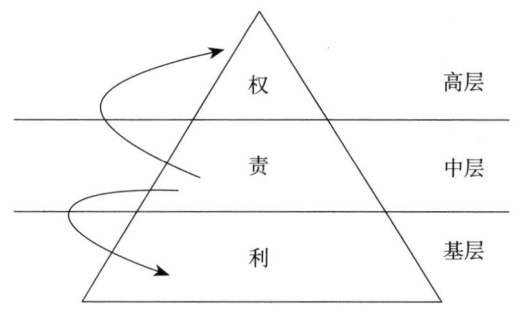

图 17　争权夺利

中国人每次都讲争权夺利，但却始终搞不清楚什么叫争权夺利。许多中层干部放着该做的事情不做，整天只想着争权夺利，搞得老板伤透了脑筋。其实争权夺利说白了就是争上级的权，然后剥削该给部属的一部分利益。

一个人对上能够尊重上级的权，对下能够维护部属的利，就是一个有天理良心的人，其实说来说去无非就这么一个观念而已。所以很坦白地讲，只要上级不点头，你就不去做，你没有权力做，你只要做到这一点就行，这样你怎么做他都很放心。但现在的干部却经常是先斩后奏，他把事情做成了既成事实要上级去承受，老板不但没有权力，还要负很大的责任，所以今天当老板的很是为自己的手下头痛。

争权夺利的中层干部是一个公司的"乱员"，他们既让老板担心，又使员工不愿工作。一个公司即便有很好的老板，有很好的员工，但是只要有一个争权夺利的干部，公司就乱了。

弄权

中层管理人员在获得授权之后，往往只能够获得一定范围内的权力，也就是说上级授给他的权力是相对的、有限的。但由于权力会直接带来相关利益，因此管理人员掌握权力的欲望就会不断膨胀。这时候，他们经常会在授权范围内，通过各种手段来最大限度地扩张自己的权力，这就是玩弄权力。

中国古代皇帝的权力很大，想把权授给谁就授给谁。皇帝相信宰相，授权给宰相，宰相作乱的概率就会很大；皇帝把宰相的权收回来，自己又开始累了，就授给太监，结果是宦官作乱；皇帝把太监的权收回来，自己又开始累了，授权给谁呢？皇后说话了，别人不可靠，我们家里人很可靠，就授给她的家人，然后是外戚作乱。总之，授权给谁，谁就作乱，这就是玩弄权力的一个必然结果。

思考

总经理授权给部门经理：自即日起 50 万元以下的开支由部门经理自己决定。可是半个月后，这位总经理开始觉得很奇怪：怎么公司这么节俭，50 万元以上的开支都没有了。

提问：
你认为情况真的像部门经理说的那样吗？
请把你的想法简要地写下来：

_____
_____
_____

分析

经过一番调查，事情终于真相大白。为什么？因为 100 万元被分割成两批，200 万元被分割成 4 批……如果你是部门经理，如果你获得部分权力，不仅是你自己，就连你的部属也会动权力的脑筋。他们会告诉你：你可以信任他们。当超过开支的审批权限时，你说不行，你的权限只有 50 万元。这时他们会说这个没问题，分成几笔就可以了。

这样的部属真的很厉害。

许多企业的老板授权给部属后，便觉得自己是天底下最倒霉的人。为什么？因为他们一旦授权，部属就开始动脑筋：如何通过弄权来欺骗上级。也正是因为如此，老板就老是不敢授权了。

滥用职权

滥用职权比玩弄权力更为恶劣，因为玩弄权力还只是在授权范围内，通过各种手段来最大可能地扩张自己的权力，而滥用职权则是通过授予的权力甚至是超出授权范围的权力来为私人谋利益。例如你本来请客户吃饭花了 2000 元，饭店服务员问你开多少发票，你说开 3000 元吧，于是这 1000 元就进了你自己的腰包。

王永庆是经营非常成功的一个人，按照公司规定，他的干部每次请客额度的权限只有 1000 元，但报账单时却动不动都写着 1 万元。王永庆是个很节俭的人，对这种行为他很是心疼，但是干部已经把钱花了，发票也拿回来了，所以他就批四个字"大吃一餐"，然后签名写"永庆"，意思就是说：我知道了。他的干部看完就知道他不高兴了，嫌他们吃太多了，但是非请 1 万元不可，怎么办？很简单，就叫餐馆分成三次开票，3300 元、3400 元、3300 元。王永庆一看也知道，所以他就批"天天吃"。

我讲这个故事，是想说当老板也要有一些雅量，只要干部真心实意在做事情，不管天天吃也好，大吃一餐也好，睁一只眼闭一只眼就可以了，别无他法。但老板绝不能马马虎虎、应付了事，而是要了解它有它的必然性，它有它的功能性，然后再慢慢去调整。

因为有权的人总会想方设法地滥用职权，并且很难完全排除这种情况，只是一个迟早的问题，所以你经常会看到一个人本来好好的，在授权一段时间之后，往往就会把事情搞得乱七八糟。

分层授权的弊端

部属太厉害，会引导被授权者弄权

部属一旦太厉害，就会想办法影响主管，从而主管一经授权也就迟早会争权夺利，会弄权，会滥用职权，因为部属会教他怎么去弄权，而且会把弄权的事情摆弄得好好的。

有的人蒙蔽一个老板实在是太简单了，就是把你的耳朵蒙起来，把你的眼睛遮起来，让你没有一个耳目。老板重用谁，大家都到老板那里打小报告，非把他干掉不可。这就很严重了。所以为什么当老板的当到最后都很凄惨，就是这样，他们大都是被信任的部属干掉的。

如果当老板当到什么都不知道的份儿上，你已经完全被架空了，人家就可以对你为所欲为。作为老板只要有些事情不知道，就开始有人要蒙蔽你了。部属可能在刚开始时并不是为了蒙蔽，也并不是为了中饱私囊，所以做得也很坦然，但是很快谋私利的现象就会出现。所以授权的结果，就是造成被授权的人弄权。如此一来你还敢随随便便授权吗？虽然讲起来很好听，但那是对自己不负责任。

授权者防备部属误导的措施有两个：

第一，无为而治，但要了解下属的行动和决策；

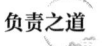

第二，提高警惕，不要被蒙蔽。

真正的无为是授权者大小事情都知道，但什么事情都不具体去管。所以很多事情你一定要深入了解，不了解的可以调查。你要让部属知道：我会授权，但是你一定要让我知道，你不让我知道我就怀疑你，明明没有事，我也怀疑你，你怎么这样做？使得大家不敢不让你知道。只有这样你才可以放心地授权。这听起来有些矛盾，运作起来却很自然。有些老板往往是这样授权的：从现在开始，50万元以下的由主管决定；50万以上由自己决定。但是三天以后，他会要求主管把账目拿来看看，会要求主管说明每笔钱的去处。因为只有了解被授权人的做法，他才会安心。

授权成为分权，领导被架空，还要负最后的责任

授权也有可能会变成分权，即由部属把领导的权分割掉，领导被架空了，仅有一点权还要负最后的责任。

大家出了什么过错，领导要负全责。法院只追究领导的责任，而不会追究别人。

权本来就很有限，你可以把公司100个员工统统免掉，但你还能免去第101个吗？因此，权一旦被授出去，你的权就被分掉一部分，再授出去又被分掉一部分，最后你一定会被架空。

所以授权绝对不是撒手不管，更不能丧失控制力。一定要注意分权之后的过问和报告制度，如果部属不向你报告，你就有可能被架空了。

领导者由有权无责变成有责无权，当然非常不放心

领导在把权力分配出去以后，一旦发生什么事故，虽然完全与自己无关，但还是必须承担最后的责任的。这样一来，对于领导者而言，授权后就会由有权无责变成有责无权。

总裁的"裁"是什么意思？"裁"就是裁决的意思，就是他可以下决定，用通俗的话来讲就叫作拍板定案。一个组织只能有一个人拍板定案，其他人不可以，如果是大家说了算，那天下就要大乱了。

当然，某些事情也可以先斩后奏，但一定要奏，就是要让总裁感觉到权力的存在，让领导非常放心。

皇帝也好，老板也好，其中的道理都是一样的。不信你慢慢去看历史好了。虽说"将在外，君命有所不受"，但是将军天天仍要派人向朝廷报告打仗的状况，绝不能说今天我领兵出去，从此皇帝你不要管我了。这样的将军迟早会因被怀疑谋反而被杀头的。

因此，授权的坏处就在于被授权的人刚开始还规规矩矩，但是经过一段时间以后，他就经不起诱惑与威胁，最后就会滥用职权。为什么最受老板信任的人，最后翻脸得最难看，就是因为授权给了他。所以你授权给他，就是准备把他干掉，这岂不是一件很遗憾的事情？

为什么历史上的清朝皇帝雍正杀了抚远大将军年羹尧？为什么康熙有那么多辅政大臣，第一个铲除目标就是鳌拜？尽管在这两个例子中年羹尧、鳌拜本身要负绝大部分责任，但我们还是应该从中得到一些宝贵的教训。

康熙刚刚登基的时候，也是非常感谢和崇拜鳌拜的，因为他知道鳌拜对朝廷有很大的功劳。但掌握辅政大权以后，鳌拜就开始有私心，开始结党营私，想把自己的权力范围扩大。这直接威胁到了康熙的皇位，康熙开始感到不安了，他不过十几岁，却深深感觉到鳌拜不把自己这个小皇帝放在眼里，所以他势必要把鳌拜除掉。鳌拜认为自己尽心尽力为朝廷卖命，却落了个被囚死的下场，虽然很生气，但也没有办法，只能自认倒霉——为什么自己不让康熙放心呢？

我们应该花很多时间去培养干部的责任感，使他们具有使命感，而不只是培训各种知识和技能。

可是今天我们的干部培训却都是在专业上面进行，这是没什么用的。我不否认专业的重要性，但是一个人不具备品德的时候，光有专业是没有用的。一个工程师如果品德不好，最后就会是领了薪水，开发了成果，然后交给别人另外赚钱。

我利用你的器材，利用你的时间，利用你的资金，然后研究出成果以后，偷偷把成果拿去卖给别人，却对你说没有研究出来，你又能把我怎么样？

因此，品德永远是第一，可靠永远是第一，有没有能力则是其次。因为能力可以通过学习得到，而品德则需要长期培养，不是一两天就可以学到的。

中国人要学技术非常快，要培养品德却很难，因为他不求甚解，因为他有相当的成见，还因为他经常自以为是、不听话。

有一次我住在一家四星级饭店，因为第二天要讲课，所以当天晚上我一定要充分休息，为第二天的讲课养精蓄锐，因为这是我的责任。可是隔壁房间的电视声音很大，于是我就打电话给前台，希望服务员能告知隔壁房间的客人，把音响的声音关小一点儿。服务员说没问题，然而过了一会儿他又打电话给我，说隔壁没人，是客人出去的时候没有把电视机关掉，他没法解决。如此说来隔壁房间还是有人住，只是对方目前不在房间，这只能说明服务员没有责任感，只想把事情推掉。

现在有的人缺乏责任感，凡事总是随便找理由，就是不想做事。这是谁的责任？不是员工的责任，而是干部的责任，是干部没有培训好他们。

本章要点

本章我们站在领导者的位置上，对授权会对组织产生的种种不利影响做了具体叙述。

首先，中层干部在获得授权之后常常会产生三种误用权力的情况：争权夺利、弄权和滥用职权。这三种误用权力的情况完全是由人的本性和中国人的性格特点决定的，所以应该引起领导的注意。

然后，我们又从授权对领导力和控制力的影响这一角度分析了分层授权的坏处，比如部属会想办法影响主管去弄权，而且授权会使领导被架空，由有权无责变成有责无权。

此外，在一个组织内部进行授权管理，实践上还有许多值得认真体会的要点，也需要引起领导者的注意。

第七章
用分层负责代替分层授权

分层授权不是不好，是其后果不但不能控制，而且相当可怕，所以我们的授权常常变得有名无实，这是一种不好的现象。其实我们只要稍微改变一下观念，用分层负责来代替分层授权，最后收到的效果将会事半功倍。

什么是分层负责

分层负责也是一种分层授权，或称中国式的分层授权，即把责任一层一层进行分割，然后分配下去。从某种意义上来说，每个层次的责任分配也就等于某种意义上的授权，只不过我们不说授权，而是叫承担责任。

分层负责表的制定

在我们做好分层负责表之后，请每一个成员都将自己的工作列出，以利于分析。

表 1　分层负责表

工作项目	发生频率	负责层次					备注
		总经理	经理	科长	主任	承办人	
A	每天（正常）					√	
A	每天（异常）				√	√	视情况向上推
B	每周（正常）				√	√	
B	每周（异常）			√	√	√	视情况向上推
C	每旬（正常）			√	√	√	
C	每旬（异常）		√	√	√	√	视情况向上推
D	每月（正常）			√	√	√	
D	每月（异常）		√	√	√	√	视情况向上推
E	每季（正常）		√	√	√	√	
E	每季（异常）	√	√	√	√	√	
F	每半年（正常）		√	√	√	√	
F	每半年（异常）	√	√	√	√	√	
G	每年	√	√	√	√	√	

从表1中我们可以看到，每一个成员都应该花一些时间把自己的工作仔细地进行条理化，然后做很好的分析。首先要明确该做的事情是什么——我想最重要的就是自己做什么事情，以及这个事情该由谁来负责，必须要弄清楚。

你可以印一张空白表分发到每一个成员的手上，并要求他们在两个星期内完成。

首先，把所有的工作项目都列出来，检查一遍，再让上级查一遍，看写得是否周到全面。其次，把所有的工作项目根据其发生的频率进行划分，可以分为每天、每周、每旬、每月、每季度、每半年、每年等七个时间段。

我们把每个周期内的所有工作项目分为正常状况和异常状况两种：每个周期内都要发生的就是正常状况，不是必然而是可能发生的则是异常状况。

员工也自行按照工作的性质，提出分层负责的合理层级。

比如，找出自己每天、每周、每月、每年都要做的事情，你先自行按照工作的性质提出分层负责的合理层级。

每天发生的事情。对于每天的正常情况，也就是每天都要重复的事情，理所当然是承办人的责任，当然也是自己负责的事情。

对于每天的异常情况，承办人无法承担责任的，则只能向上级报告，承办人可以推给主任。如果事态很严重，连主任也没有办法，无法解决、不能负责，则可进一步推给科长……直至总经理出面。

每周发生的事情。通常凡是每个星期都会发生的正常状况就表示不是每天要做的事情，对这些事情我们会让承办人跟他的顶头上司两个人负责，这样会比较让人放心。因为承办人对每天做的事情很习惯，也不会忘记；而一个星期才发生一次的事情，他就很可能会忘记，因此就要有一个人监督承办人办事的进展。

如果正常的事情下属没有去做，上级应该提醒他，监督他。但是对于每周发生的异常情况，还是要往上推的，说不定还会惊动总经理。

每旬发生的事情。对于每10天才发生一次的事情，通常我们会有三个层次：承办人、主任、科长。

事情发生的频次越少就越容易忘记，而且事情一般越重要，往往负责任的层次也就越高。当上述所有的工作项目都提出了合理的分层负责层级时，这张表就可以完成了。

我们视情况向上推，就是要把事情推给最合理的人。这句话很重要，但要切记推不是推责任，而是推给最合理的人来把这个责任担当起来。推的目的是要尽到责任，而不是推卸责任，这两者的出发点是不一样的。

所以时间一长你就会感觉到，管理层级越高的阶层越没有例行的责任；相反，例外的、变动的责任越多，不正常的责任就会越多。

我们在分成几个责任等级时，凡是自己能负责的就不要往上推，不要总是打扰自己的上级。大家责任分明以后，将来谁做错了就要负责，异常的事情应该往上推到哪一层级，这张分层负责表就是依据。

分层负责表做好之后，公司所有的员工和管理者应召开一次会议，各个部门彼此看看，除了表中内容还有没有什么其他职责，如果有，应怎么样再分配下去，然后将表呈报总经理，等到总经理批准后，先按照分层负责表施行半年再进行调整。

分层负责表的作用

我相信，制定了分层负责表以后，每个人就都可以做到心里有数：该我负责任的我就决定，上级不会怀疑我；不该我负责的我不能负责，就要与上级领导多进行联系沟通，这时上级也不会怪我，说我找他的麻烦。

这样责任分明以后，该做的你就可以理直气壮地去做，并承担起责任；不该做的你就不能越权，但是可以请示。

我们中国人的性格总是自相矛盾：你的部属不向你请示，你会不太高兴，说他自作主张；可是请示了，你又会觉得很烦，会说他天天烦你，什么都问你，很不负责任。他请示你不高兴，不请示你也不高兴，怎么做都难。

如果有了分层负责表，事情就变得简单多了。由于这张表不是一个人说了算的，而是你拟出来后经过大家共同讨论、认可并决定的，是领导核准的，因此你只要照上面的去做就可以了，可以根据分层负责表实施。大家一看，做事有根据，将来有事情会比较处理，责任也很容易追究。这样请示、责任都有一个很明确的说法，大家就会相处得非常愉快。

　　我们最怕人家说自己越权、自作主张，这样就相当于说自己心目当中没有老板的存在，目中无上司，这是最容易让人倒霉的地方。

　　当我们每一层都知道自己在干什么，而且知道自己不可以推卸责任的时候，我们就会尽心尽力把它做好。但是千万记住一条：不管发生什么异常情况，最好都要先跟顶头上司商量商量，毕竟最后是他在负责，而不是你在负责。

　　要做的事情一定要负责，需要共同讨论的事情一定要共同讨论，因为这种事情是要彼此认定才有效，一个人认定是没有用的。为什么有的时候你可以决定，有的时候只有上级才能决定，这里面都是有它的道理的。决定后还要呈请领导核准，因为整个权都是从他那里分出来的，因此你要尊重他；等他核准后就可以正式实施，并且定期检讨，及时调整。

　　所以我在推行这个分层负责表时，刚开始大家都很怀疑：这行得通吗？但是很快大家就觉得非常好用，因为每个人都有章可循，心里就会比较踏实，也就不怕别人说越权了。

薪水要根据责任大小确定

　　在公司中，有的人责任比较重，有的人则比较轻，因此公司应该根据员工承担责任的轻重来付给其相应的薪水,这样大家才没有话讲。

你负的责任大,你当然要多领钱,而不是说你出的力多,你就多领钱,这是两种不同的概念。哪里有说一天到晚忙到底就领的钱多的道理!至于研发单位,虽然你不知道他有没有做事,但他有没有贡献却很清楚:研发出的成果摆在那里,因此只要研发出成果就是尽了责任了。

公司应按照责任的轻重来付给员工薪水,而不是按照他的学历。过去一个新人进来后,由于对他不了解,只有看他的学历。但是在他开始工作以后,就要看他的表现,看他具体的工作能力来评估他应得的报酬。如果他无所表现,什么事情都做不好,薪水一定不会高。

公司在引进一个人后,要把他的学历忘掉,然后根据他具体的工作情况来评估他应该得多少钱。学历与学力是两个不同的概念,我们要重视学力,而不是学历。即使一个人有文凭和学位,可是如果他表现不好,就表示他不适合这个工作,也就只能另请高就了。

人才要看是否符合公司的需要,如果他不能发挥自己的作用,即使有再高的学历也没有用,所以我们一再强调要选用合适的人,而不是用最好的人。总之,对员工的发展要做到人尽其才。

一个人的忠诚度其实是看不见的,而且是会变的。一个人本来很忠诚,但却会突然间就变得不忠诚了。其实所有的奸臣都是从忠臣变过来的,如果一开始他就是奸臣,而且他的额头上刻着"奸臣"两个字,他就永远不会变成奸臣。事情往往是他一开始很忠诚,然后皇帝对他非常信任,最后他就慢慢变成了奸臣。

一个人值不值得你信赖,既不要看相,也不要算生辰八字,那都是不可靠的,只有一件事情最可靠:从考验中来信任。你去看银行的授信好了:你若向银行贷款,银行也不会不借钱给你,但它会有一个授信的过程，就是调查一下你的信用度有多少，然后小额地贷给你。如果你很有信用，它就会慢慢增加贷款额度，直到最后你要借多少，它就会借给你多少。

对人也要这样，我们如果对人完全不信任，就会无人可用；而你一信任他，他就开始骗你。凡是骗你的人都是你曾经信任的人，你基本上不相信的人，他绝对骗不了你。

所以在进行授权时一定要提防，防人之心不可无，这就叫警觉性。

本章要点

本章的重点是制作和应用分层负责表。前面谈过分层负责也是一种分层授权，但是从中国式的管理角度而言，应在授权之前就把责任一层一层分割好。先做到分层负责，然后执行授权。

制作分层负责表的基本步骤是：让每一位员工都将自己的工作仔细列出，然后按照工作的性质，自行提出分层负责的合理层级，接着共同讨论，决定分层负责方案，最后呈请领导核准实施并定期检讨。

制定分层负责表有助于明确企业中各层级员工的职责，减少工作中不必要的纠纷。在进行责任分层和授权中，领导需要注意选用最合适的授权人选，而非最优秀的人。

第八章
部属接受授权的艺术

让领导放心授权

学会"不明言"

西方人的习惯是一切都说清楚,一切都说明白,即"明言"。

中国人在这方面与西方人不一样,我们是不得已才"明言",平时尽量"不明言"。这就是我们为什么总喜欢旁敲侧击的原因。

如果一切"明言",就没有什么所谓的旁敲侧击可言。换句话说,话讲得太清楚,你就会得罪很多人。在现实生活中"不明言"的目的有两个:一是避免得罪人;二是避免把自己逼进死胡同。

中国人说话,先说往往先死,但不说也死。这也是我们社会与西方社会不同的地方。你可以去看看身边的现实,凡是第一个说话的都很倒霉,凡是不说话的也很倒霉。说有说的怀疑,不说有不说的怀疑,主要还是因为我们当领导的不会完全相信一个人。

我们听几个人的话,听完这边一定会再问问那边。你来报告他就怀疑你:"你为什么第一个知道?""别人也知道,为什么别人不跟我讲?"但你不说他也怀疑:"难道你不知道吗?你怎么不说呢?"

负责之道

明智的人必须在"先说先死"与"不说也死"之间找到一条"最好说到不死"的活路，因为人心隔肚皮，每个人的动机都是叵测的，也是你摸不着的。所以在中国社会，一定要练就一套功夫。

如何在"不说"与"乱说"之间说得恰到好处，便是"说到不死"的真功夫。说到不死，其实就是说到合理的意思；只要合理，大家都能够接受，当然可以说到不死。所以我们很自然就是会推脱，推到合理的地步一切都很圆满。

中国人说话不能开门见山。西方人可以有话直说，中国人有话直说就是目中无人，那样一来你就倒霉了。现在的中国人受到西方文化的冲击，在没有学到"先说先死"之前便勇敢地"有话直说"，结果弄得灰头土脸，却依然不知道毛病出在哪里，实在可怜。

中国人十分习惯于"不明言"，即"不说得清楚明白"，喜欢"点到为止"，以免伤感情，或者"看不出对方是否有诚意"。这一学问非常高，中国人是不能不明白的。

母亲节前夕，有的小朋友会问："妈妈，母亲节快到了，我送你什么礼物好呢？"妈妈都会说："不要了，你乖乖的就好了。"母亲节一过，如果真没有收到礼物，母亲的心情可能不会太好：问了半天啥都没送，白养活你了。

抱着"不明言"的态度就不容易先说先死，因为一部分是我们说的，一部分是别人自己猜的，大家都有面子。"不明言"也不会不说也死，可我至少说了，至于清楚不清楚、明白不明白，那是程度上的差异，并没有一定的标准。"不明言"往往能收到"说到不死"的效果，兼顾"说"与"不说"居然可以不死，实在是奇迹。

希望"我有话要说"的人要千万小心，别忘了，只有磨炼出一套"说到不死"的本领才不会怨天尤人！

所以，我们中国人说话讲究含蓄，讲究"点到为止"，经常留一些东西让对方去猜。

学会让领导放心授权

中国人的职位越高，越是会避免把话讲得很清楚。一个人把话讲得很清楚，他就等于把自己逼到死胡同里面去了。因此中国古代的皇帝往往说自己"君无戏言"，也就是平日尽量少开口，要么就说得让大臣糊里糊涂，而一旦说要杀人，那就真杀人了。

因此，中国人不可能不授权，但我们的授权往往属于那种不明言的授权。而且我们常常不敢跟上司讲：这件事情你到底授权到什么地步？那就是明摆着要夺他的权。

尽管我们总是各说各话，但是心里却都很清楚彼此的真实意思。你的上司说这件事授权给你，此时你应该说"我会向您请示的"，这样他就会很放心；假如你的上司说"我今天授权给你"，你说"我知道的，我会在权限范围里面去运作"，他就开始对你不放心了。

所以，在中国部属获得授权的要点，就是如何让领导放心授权。

我曾接触过很多业务代表，业务代表出来谈判时绝对是经过授权的，没有经过授权，谁会出来当业务代表？可是当谈到最后，如果他告诉我"我回去向我们上级请示一下，再给你汇报"，我会很欣赏这个人；如果他说"就这样定了"，我就会觉得这个人很危险——假如我是他的老板的话，我是不会用他的。

为什么？因为我曾经说过，一个人站在太显眼的地方，他就是众人的目标，就是众矢之的。西方人的领导是摆明的，"我就是首席执行官"，首席执行官就是众人的目标。相反，中国有权的人则会躲起来，他很少会跟你见面的。

有权的人是众矢之的,你还不赶快隐藏起来?你如果站出来,那就等于找死。这也就好比是有钱人把钱拿在手上,所有的人都要扑上来抢,那是很危险的。

有权的人最怕人家知道他有权,所以他就躲起来,然后就把权授给另外两个人身上去。为什么不会只授给一个人?不可以。授给一个人就等于你把权都给他了。因此一定要把权授给两个人,让他们两个去躲躲闪闪。

我们不愿意直接说出权的原因有两个。

第一,只要你有权,人家就一定拿你当目标,一定要从你身上得到一些好处。这样岂不是很麻烦?所以明明是总经理可以决定的事情,如果外面有人找他,他也要讲这件事情"我再跟我的干部研究研究",因为这样做对他有好处。如果他说"我说了算",那他就完了,只要哪一天不答应人家,他就会得罪人。

第二个原因,我们也不愿意让主管看出我们很想抓权。一个喜欢抓权的人迟早是要倒霉的。我们喜欢做事情的人,不喜欢抓权的人,所以只要你让上级知道你很想得到授权,基本上他肯定不会授权给你。

西方人讲企图心,就是只要我有这个企图,上面就会给我。但我们中国人却是:谁要,我偏不会给谁,我专门给那些不要的人。

你突然之间升任经理,人家都来恭喜你,这时你是不会讲实在话的——你会说"我实在不想当,今年不知道怎么搞的,推半天都推不掉才当的"。中国人说推半天推不掉才当的,自己哪里想当?实际上,越是这样你就越能当得上。这里面的关系是很微妙的。

我的一个朋友年轻的时候到一家大型企业去应聘职位,面试官问了他很多问题,问他以前在什么地方工作,在那里干什

> 么工作，我的朋友说自己当人事主管。旁边一个年长的人就问他："你对人事主管有什么看法？"我那个朋友答道："我最讨厌当人事主管！"那个年长的人就讲了一句话："你就来我们公司，你就当人事主管。"
>
> 这是一个活生生的案例。我的朋友后来就问那个年长的人："你为什么要这样子勉强我？"那个人说："我最怕那种没当过人事主管又很想当人事主管的人，我请他来，我一定完蛋了。我请一个不想当的人来做，他只需要把他讨厌的那部分去掉，就是最好的人事主管。"

你喜欢当什么，你多半从中获得了很多好处；你不喜欢当什么，你往往可以把它搞得大家都很喜欢，这是我们的逻辑。

所以你要在文化里面去体验：中国人很怕你有企图心。如果我们今天满脑子都学西方的，满脑子企图心，最后你只会自食其果。中国人往往不会自告奋勇、一马当先，他不会将很强的企图心露骨地表现出来。企图心隐含在人心里面，是不应轻易暴露出来的。这是一种文化，它既不是对错问题，也与奸诈没有关系。

权力是人人都想得到的，老实讲没有权就很难做事情。但是在中国要想得到权力就要遵循三条原则。

第一，你不要表示出来，而是要学会推。一推你就有权，一旦你表示出来你想要权，你就一定没法获得授权。

第二，你不要与你的上级去抢夺权力。你是没有跟上级抢权的资格的，你们两个人根本就不公平，所以最好的办法就是统统让给他，这样他就会分一些权给你。你越不要权，他越会放心地给你；你越表现得好，他对你就越信任。

第三，这一点是最要紧的，即你要随时向上级汇报，这样他就会很放心地授权给你。

因此，所谓的授权，就是你要随时向他汇报，做到让他放心。

所以有时候你会觉得很奇怪：他怎么对别人那么放心地授权，唯独对我总是很吝啬、很戒备，从不授权给我？其中的秘密就是你没有向他汇报，而别人则是无论大小事情都向他汇报，问题的关键就在这一点。

学会做功臣

日常生活中，接受授权的中高层领导往往很难处理好自己与最高层领导的关系。如何理解这玄妙的一点呢？

看了历史上康熙囚鳌拜、雍正杀年羹尧的故事，大家心里不免会问：如果所有的功臣最后都被杀了，谁还会去做功臣呢？其实我们应该换个角度来考虑这个问题，比如韩信确实是被汉高祖杀了，可是萧何就没有被杀，因此问题不在于汉高祖会乱杀人，而在于我们如何做功臣。其实古代功臣有两种，一种是被杀的，一种是被尊重的。同样是功臣，只要不威胁到皇帝的地位，你就不会有杀身之祸，但是如果哪一天你威胁到他的宝座，你就可能会大祸临头。韩信、萧何就是这两个方面的典型代表。

当韩信领着刘邦给他的几万士兵取得了一个又一个辉煌的战绩时，他竟然生出要奖赏的念头，于是向刘邦请示，要求封其为假齐王。刘邦看透了韩信的心理：什么假齐王，我封你为真齐王。韩信十分高兴，于是干得更带劲了。韩信心里一直想着的是自己的功劳，却没有想到自己的功劳太大对刘邦来说则是一件坏事。他没有考虑到刘邦的感受，所以对刘邦也就没有一点防范之心。凭韩信的功劳，封个齐王是有资格的，不过韩信伸手要就会让刘邦心里十分不舒服。从此，刘邦便不再信任韩信，而且还把他当成眼中钉，并且一步一步地剥夺了他的权力。最终当韩信手无兵卒可用之时，他也就成了任人宰割的羔羊了。

反过来，我们再来看一下萧何的情况。刘邦在前方打仗的时候，后方仅靠萧何一个人全力维持。刘邦和项羽打了七十多次仗，都是打败仗，由于萧何做得好，所以后方兵源以及后勤的补给一直都在源源不断地运往前方。刘邦在前方，每次见到后方来的人都要询问萧何在做些什么。有人告诉萧何说，刘邦开始怀疑你了，整个国家的政治权力都在你萧何的手上，假如你随便左右摆一下就不得了了。萧何吓得不得了，赶紧问怎样才能让刘邦放心。有人就建议他做些问舍求田、自贱其名的事儿。后来有人向刘邦密告萧何敛财侵占民田，霸占民房，刘邦看到密告，对萧何感到放心，反而一笑了之。

反观韩信之死，除了他功高盖主之外，最为重要的是他不服刘邦。其实刘邦并没有把他身边所有的人都杀光，比如萧何、陈平等就平安地生存了下来。要论才能，他们未必比韩信强，可他们都对刘邦俯首帖耳，这是让刘邦最感到舒服的。韩信反其道而行之，结果可想而知。

这个案例告诉我们，做功臣的安身之道就是：要充分地尊重你的上司，使他安心地授权给你。但是你也一定不能对外部讲：我是被授权的，只要你对外说出你是被授权的，领导非收回去权力不可。这是很微妙的一点。被授权的人一定要讲"我没有被授权，我们可以看着办"，"我没有被授权，你可以很放心地去行使你的职权"。

本章要点

中国人十分习惯于"不明言"，即"不说得清楚明白"，喜欢"点到为止"。中国人不可能不授权，但我们的授权属于不明言的授权。如果我们直接跟上司说这件事情你授权到什么地步，那就是摆明要夺他的权。所以，在中国，部属获得授权的要点就是如何让领导放心授权。

部属让领导放心授权有三条原则：第一，你不要表示出来，而是要学会推；第二，你不要与你的上级去抢夺权力；第三，这一点最要紧，即你要随时向他汇报。除此之外，接受授权的人还要学会做功臣的安身之道：充分地尊重你的上司，使他安心地授权给你。

第九章
主管授权后应不定期抽查

为什么要进行不定期抽查

在进行授权以后，领导首先不应该对下属负责范围内的事务进行随意干预，但是这并不意味着下属负责的事务就不必让上司知道；如果应该让上司知道的却没有让他知道，上司可能就会追查了——上司要查是什么原因，是不是这当中有什么猫腻。另一方面，领导在进行授权以后也一定要进行抽查——只要每一层都做到，责任就非常分明，这样授权才能真正发挥效果。

领导为什么不能定期抽查？我总结了几点原因。

第一，定期抽查会很累。

授权以后，领导就应该放手让下属去做，这样遇到有关问题时下属就会主动地与上级沟通。如果执行定期抽查，不仅会过多干预下属工作，而且也会让下属疲于应付抽查。更严重的是，定期抽查等于你是在把责任往自己身上扛。

我们可以用一个填表的事情来讲清楚这里面的道理。

外国人填一张表，就是填表人签个名就算数了。中国人填表，除了承办人要在上面签名，一定还会有主任、科长等好几个人签字盖章。

这是什么道理？

很多人都批评这一点。但我发现批评的人是完全不了解中国人，因为对中国人来说，你如果认为只要简单明了，以为只要有两个人的签字就有效，必将后患无穷。

假如你要一个外国人去填一张表，他会想我应不应该填，有没有必要填，应该填我就填，有必要填我就填，他不会考虑太多。

如果换成中国人，你可以告诉他，你从现在开始每天要填这张表，他的第一个反应准是：给谁看？

中国人对给谁看很有兴趣。你说你自己看，他说我自己看还何必呢？他就不填了。主管说你填完给我看，他说我们两个常在一起，还用填？也不用填了。你说给总经理看，他就乖乖地填了。

只要表上没有总经理签字这一栏，他很快就不填了，差不多三个月以后，这张表自然也就不见了，之所以如此，就是因为这张表没有给总经理看。但假如总经理连每张表都看，那岂不累死了？因此他是不会经常看的，但是他会不定期地看，奥妙就在这里。

总经理要不要每张表都看？如果他看，就是浪费时间、成本，因为根本用不着他看；如果他不看，这件事情自然就不见了，就没有人去做。这才是实际问题所在。

所以当一些总经理跟我讨论这个问题时，我就告诉他们："你应该这样告诉你的部属，你有时候看，却经常不看，但又不知道什么时候看，只要一看到漏误就找填表人。如此他就会认真写了。"

什么事情总经理都要参与，但他却又可以什么事情都不管，这种事只有我们中国人做得到。

如果总经理说他不看了，不知道，就表示他完全不管的话，那还得了？他的部属就可能会在那里混日子，混到最后便把一大堆责任全都推给总经理了。

相反，如果有不定期抽查这件事存在，就会有一个无形的控制力，谁都不敢乱来。

第二，定期抽查容易出现作假而被蒙蔽。

定期抽查显然会给下属留出准备时间来应付抽查，因此不仅不能调查到下属的真实情况，反而会被其利用，成为邀功请赏的机会。所以，你一定期抽查他就作假了。

如果我规定每月15日抽查，在此之前他就不做，他会等到14日连夜加班，一夜之间统统给你做出来，但全是作假做出来的，于是你就被蒙蔽了。

中国人这个不定期很厉害，我昨天看，今天又看，这叫不定期；我今天看，明年今天再看，这也叫不定期；没有事前通告，也不会有规律可循，让下属丈二和尚摸不着头脑，看他们如何应付抽查？或者我说11点，现在9点我就赶过去抽查，搞他们个措手不及，免得他们又想隐瞒什么。这样一来，下属就只能时时小心谨慎，认认真真做好每一件事情了。

与西方人不同，中国人不喜欢签字而喜欢盖章，也是有道理的。假如每件事都要自己签字那还得了，手都累死了。这事换成盖章就行，盖章可以我盖，可以你盖；可以现在盖，也可以明天盖，随时都可以盖。这也叫不定期抽查。所以我们总经理的印章经常会刻好几个：甲章、乙章、丙章、丁章、戊章……

我当校长的时候，我的每一个印章下面一定有个字：甲，或乙，或丙。我假装授权给他，让他来盖章，反正盖出来有个甲就是你盖的，不要想赖在别人身上。我自己盖的章就叫"曾仕强"，如果上面没有甲、乙、丙字的，那就是我自己盖的。

这样把章分成甲、乙、丙，每个人的责任都非常清楚，谁也逃不掉。这样你就可以放心地授权别人去盖，因为只要一查就知道是谁盖的。

第三，领导不应该让自己的行踪很明确。

在中国的企业中，基层人员的一举一动都要纳入管理，中层干部有时可以不用很明白地去签到签退，而高层则经常都是不受限制的。比如总经理出差，他既不会告诉你，也不会办请假手续，他只要把这个没有甲、乙、丙字的印章留下来就行了，仿佛他仍在公司。

再如总经理上午来公司一趟，突然间又不见了，对此没有人敢追问："总经理去哪里了？是办私事还是办公事？"即使总经理昨天晚上应酬到很晚，他也不会打电话来说：我昨天晚上搞得很晚，所以今天很疲倦，我上午不来上班，下午才来。因为他怕大家听到这个消息，整个上午全体上班的人都自动放假。所以，他永远不会讲得那么清楚的。他总是说来就来，说走就走，经常神出鬼没，让你永远抓不到，这就叫领导。

我们给领导最大的弹性，是为了让他好做事情；与此同时，领导自身也不应该让他的行踪很明确地被自己的部属掌握。

有很多老板，他明明在跟我聊天，我问他上午要不要上班，他说我不用去，但是他却会打手提电话给公司，说"我大概5分钟以后就会回来的，你们准备好"，然后他就在这里继续喝茶。对此没有人敢说：老板，你讲5分钟，我们已经等了15分钟，怎么还没回来？

中国文化中有一种观念叫作"神龙见首不见尾"，作为领导就是要将自己的行踪隐藏起来，这也叫不定期。

主管不定期抽查的步骤

主管不定期抽查很重要，大致分为三个步骤。

第一，不定期检查务求都按表实施。

各级主管都应该不定期地来检查你所属的人，看他有没有按分层负责表来实施。你底下的人经常会把文件呈给你看，当你看到有该他负责他却没负责的，你就要退回去。

如果是他自己负责的，你就对他说"这个只要你负责就好了，不必让我知道"；如果是他应该让你知道但却没有让你知道的，你就要追查下去，并要查明是什么原因让他这么做，是不是当中有什么弊端。

领导在授权以后一定要进行不定期检查。只要每一层都按表实施了，这个责任就会变得非常分明，授权也就会真正有效。

但是领导做事总是会有变化的。我们中国人办事情没有一成不变的：有时候明明是他可以决定的，他会让上级知道一下；有时候明明不应该由他来做决定，他却会口头上请示上级，然后他来做决定；有时候他一连好几天都不来，但他的所有公文照样都有人盖章，有人签字——像这些事情都没有什么不可以的。

在这种情况之下，我们是非常弹性化的。

第二，发现违反规定必须研究，并设法加以改善。

如果发现有违反规定的情况出现，你一定要研究一下为什么会出现这种情况，要不要调整？要调整就调整，不调整就把事情说清楚，并设法加以改善。

我们不讲创造，也不讲研发，我们讲改善。在中国人眼里，变有80%是不好的，创新有80%是失败的，因此创新的成本非常高，风险性非常大。西方人也告诉你：20/80定律，80%的创新是血本无归，只有20%的改变是获利的。

所以中国人基本上不太讲什么创新，但对改善则是人人喜欢。在中国改善比较容易进行，人们对改善的接受度往往也比较高。相反，对于创新则是人人害怕，而且极易引起大家的不安。

第三，最好个别辅导失责人员，使其养成好习惯。

对失责的人员最好是能够进行个别辅导，以使其养成好习惯。

在职场做人，总是存在两种可能性：一个叫作越权，一个叫作失责。什么叫失责？应该做的没有做，就叫失责。什么叫越权？不应该做的做了，就是越权。

在现实生活中我们经常是应该做的没有做，不应该做的却做了一大堆。在权与责之间，你会发现我们很容易越权，但是我们更容易失责。所以，你只要做到不越权不失责，你就可以在社会上混得差不多了。

我经常问很多公司的干部：你们老板怎么样？只有一个答案，我们老板很好，但什么都好，就是常常把坏人看成好人，把好人看成坏人。干部呢？不该管的他拼命管，该管的他却就是不管。员工呢？不会做的他都扛下来，会做的则轮不到他做。这都是职责失调问题。

📖 本章要点

对于领导而言，为了防止授权后出现部属争权夺利、滥用权力等负面情况，特别是在对中国人进行授权后，应该注意进行不定期的抽查。之所以要进行不定期而不是定期抽查，是因为：第一，定期抽查会很累；第二，定期抽查容易使人作假而被蒙蔽；第三，领导不应该让自己的行踪很明确。

各级主管在不定期地检查你的下属时，都应该按照一定的步骤：第一，务求都按分层负责表实施不定期检查；第二，发现有违反规定的情况出现，必须协商研究，并设法加以改善；第三，对于失责人员，主管最好能够对其进行个别辅导，使其养成好习惯。

第十章
上下有默契的授权

授权要慎始善终

我们应该授权,因为这是我们必然要做的事情。我们之所以小心翼翼,是唯恐它产生流弊。并不是说授权不好,但是授权确实很容易产生弊端。所以我们对它要有所防备,使它慎始善终。

"慎始善终"这四个字是非常重要的:慎始,从一开始就很慎重;善终,最后的结果会很好。任何事情都是有始必有终,但是始要慎——我们要小心,结果才会善,才会有好的结果。

比如两个人合伙做生意,好不容易把事业建立起来了,然后就吵架散伙。这种事情太多了,可是这样做又有什么意思呢?倒不如大家一开始就谨慎一点,能保持长期合作,这样对整个公司的发展也会更有利。

关于人的事情要慢,而物的事情要快,因为物没有情绪。

假如有个花瓶放在这里,你怎么看都不顺眼,不用做计划,也不用征求别人意见,你可以把花瓶放在其他地方,即便是放在别处还是觉得不顺眼,还可以再放回原处。对物我们可以这样做,对人就不能这样做。比如你给一名员工升职,对他说做不好你再下去,这绝对不可能:一旦他觉得自己没有面子,他就会找麻烦。

对人要缓，对物可以急，这一点我们一定要分清楚。

授权也是一个道理。如果放权出去却收不回来，那授权就太可怕了。你应该做到既能放权也能收权，这样你就可以随时改变你的主意。

有一位老板十分相信自己的得力助手，就跟他讲："这件事我授权给你，你不必问我，你做就是。"有一天他在外面碰到他这位得力的干部在跟人家谈判，无意中听到他的得力干部说："这件事我可以负责。"谈判对手看他的得力干部很年轻，就问："你要不要回去请示一下你的老板？"这位干部说不必，这件事情他自己可以决定。

等到这位得力干部从外面回来以后，老板就把他所有的权限统统收了回来。他说："我可以授权给你，但是你在外面招摇撞骗，公司就会受害。"

案例中这位老板的做法，是我们进行授权时非常保险的一种方式。

允许上下有默契的不成文授权

对中国人而言，有时候言语经常会成为相互沟通的障碍，因为中国人讲究的是心意相通。实际上我们也允许下属跟老板之间的授权只有默契，而没有成文的规定。而授权没有很明确的界限，随时、随地、因事、因人来做不同的衡量，就叫作授权默契。

请示主管时的默契

我当教务主管时，学校有客人来了，我的领导就交代我说，这个客人难得来一次，中午请他吃饭搞丰盛一点。每到这时我就完全不知所措，不知道怎么样去做才好，因为你真要弄得丰盛他也不高兴，而你弄得很简单，他还是不高兴。

那怎么办？很简单，我就用旁敲侧击的方法。他交代我午饭准备得丰盛一些，我一定说好，然后过半个小时我就问他，要不要在某一个餐厅定一个房间？他说定包间干吗？我说请客人吃饭呀。他说不必了，在我们隔壁饭馆吃吃饺子就好了。于是我马上就知道该怎么做了。

你一定要跟主管用尝试的语气请示，这样他就会告诉你。对于中国的主管来说，你要是明白地向他请示，他就会很紧张，因为他觉得你这是想要把责任推还给他。他往往认为，部属向主管请示是不怀好意的，就是把责任推给他——我向你请示什么，你决定了，你负责，我就没事了。所以我们也不要以为凡事请示主管了，他就高兴了。

你请示的时候，主管会觉得，你真厉害，你想把责任一下子就全推给我，那还得了。所以每次你请示主管，他都会很含含糊糊地给你下个指示，然后就是两个人在那里相互推：部属向他请示，把责任推过去；他含糊其词，又把责任推回来。你应明白，两个人其实就是在推卸责任。

我们向上级请示，是不可以只提问题的。我年轻的时候就曾在这上面吃过大亏。

当时我请示主管：明天的会议我们要不要准备午餐？他说你自己衡量衡量。我说我想了半天，我无法决定。他说你再想想看，其实他心里这时想的是你厉害。所以你就总是会觉得很奇怪：这不是在浪费时间吗？不是。因为大家心里都明白，谁决定谁就要负责任。

后来我就学聪明了，我就跟主管报告说，明天那个会，按理说我们是不应该准备午餐的，因为这是惯例，不过明天情况特殊一点儿，我们要不要考虑准备午餐？他说这样也好。我说如果准备太丰富的话，我们真的负担不起，可是太简陋了，人家又会骂我们，所以我们是不是以某一个程度就好？他说那种程度，你吃的话你会觉得怎么样？我说我会觉得很愉快的。然后他一定说，那就照你的意思办。

他绝不会说"照我的意思"，而一定会说"照你的意思"，其实最后还是我负责。你再怎么推，你还是要负责任的。用一句话来说就是，因为形势比人强。

实际上，我们的领导都在用势。他不必用权，也很少用权，因为用权就要决定，决定就要负责。而且我们的领导也很少想到"权"这个字，因为权是有限的，一用就完，而拿在手里不用他就可以永远有权。中国人真的很厉害，因为他很会造势，你非听他的不可，但是最后事情却还是要由你来负责。所以真正有权的人并不会去用权，而是会把这个势造出来。

被授权人应注意及时汇报

一个人要想得到上级的授权就必须注意三点。

第一，你千万不要表现出想要权，一旦表现出来，上级绝不会授权给你，因为他的警觉性很高。"授"是他主动给的意思，而不是你争取的意思。他认为不该授给你就不会授给你，你争取也没有用，你越争取他越怕。

第二，当你的上级讲得很清楚，说这件事情我授权给你时，你一定要回答说"我还是会具体地向你汇报"，这样他就会对你很放心。因为没有一个人真正舍得把权授给别人，他只是为了方便才授权给你，权他还是要抓住的,要不然人家当老板怎么办呢?他可是要负全部责任、承担全部风险的。

第三,我们得到上级授权后,千万记住要做到四个字:及时汇报。"及时"这两个字很重要,但很多人却经常忽视这一问题。领导到你这儿来视察工作,你完全不当一回事,他回去后一定会打电话把你叫去大骂一通。他心里想:我到你这儿来是关心你,就是要你向我汇报的,你却不把我当人看,那我还授权给你干吗?

所以你以后要记住,领导到你那儿去,你一定要抓住机会就向他汇报,这样领导以后才会常来,才会继续对你放心授权,而你的工作职位也才会有不断升迁的可能。

达成默契的诀窍就是善于揣摩上司的心意

默契就是四个字"将心比心",而不是用嘴巴去沟通。中国人讲究的是心意相通,因此授权时,我们只有设身处地站在对方的立场来考虑,才能真正达成默契。

我们必须养成揣摩上司心思的习惯,这并不像一般人所认为的那样是件坏事情。每一个人都要随时、随地、因人、因事地去度量上级的心思,只要你不生坏念头就行。

对上司的心意一定要揣摩。揣摩上级愿不愿意授权给你,揣摩领导到底相信你到什么地步,揣摩主管希望你什么时候向他汇报。这些事情他不会很明确地告诉你,全要靠你自己去揣摩。你揣摩得越正确,两个人就越有默契。

有时候上级交代你,这个客人难得来一次,午餐要准备得丰盛一些,其真实的意思却很可能是要你想办法不要请客人吃饭。有时候主管让你把报告拿回去再改一下,其真实的意思则可能是说已经没有必要讨论了。

他对你讲的话,常常跟你要做的事情是相反的。

一个部门经理向我抱怨,有一天总经理打电话叫他去擦经理室的玻璃门。我就问他擦了没有,他说没办法,只好擦。我说你做错了,总经理叫你擦玻璃,实际上就是叫你不要擦的,你只是没听懂而已。

原来当时的状况是,总经理打电话给部门经理的时候,经理室是没有别人在的,总经理只想趁没有别人时打电话叫他来谈一些事情。没想到电话一挂,两位记者进来了。总经理怕记者误解部门经理是与采访相关,是想让记者采访他,是想让他回去好了,所以他就说把某个门擦一擦。

那部门经理到底擦还是不擦呢?太简单了,你就随便拿出兜里面的卫生纸,擦两下就走了。这才是第一流人才。擦是给记者看的,不擦是表示你懂得老板的心意,这样做就对了。

我们要谅解对方常常有说不出来的苦衷,有很难表达的心意。这个就叫默契。

公的分层授权与私的默契授权可兼顾运用

我们允许上下级之间在私底下达成不成文的授权,但是至于上下级之间能够默契到什么程度,以及部属按照这种不成文的授权去行事这一做法,公司应该既不干预也不禁止。这样做,于公我们是分层负责,于私我们是彼此授权,兼顾并重,公私可以同时进行,灵活运用,就像有阴就有阳。

工作分工同时要互补

管理就是要做到工作有区分，并随时能互补。我们分层负责，将各自工作加以区分，只是为了方便，而并不是真的区分。这种互补很重要，绝对不能说"这不关我的事，不要找我"。

让领导随时掌握情况

什么叫授权？授权就是随时要让你的上级全盘掌握事态的发展状况。如果授权后领导完全不知道事情进展到什么地步，他的心里就会不安，就会有被夺权的感觉，他就会不客气地将整个权力收回来。所以我们允许上下之间形成默契，进行不成文的授权，但应该注意沟通，让领导及时了解情况。

私的默契授权不要公开化

我还是建议各位，私的授权最好不要公开化，因为不公开化才会长久，一公开化你的默契授权很快就会被别人破坏掉。

我见过一个经理，他的签章始终就在一个科长身上，因为他对那个科长百分之百地信任。他说科长完全可以替我盖这个章，这是我们两个人之间的事情，我负责，他就盖章好了。没有人能够说这样做不行，但是明文却不能这样规定，明文规定应该强调的是分层负责，各司其职。

默契授权应有弹性

我们的上下默契授权应当有弹性地进行，可放也可收，要做到既

负责之道

让领导很放心,同时又能让得到授权的部属也很称心。

不过这个称心如意也是很难做到的。我们今天的授权是部属很不称心,主管也很不放心,问题的关键就在于部属没有做好。

西方的秘书跟中国的秘书不一样。我在当秘书的时候,我的主管也是留美的博士,他受过全面的西方教育,因为我们都是很现代化的人,而且都是受过西方教育的人,他就试图把他的职责与我的职责做一个划分。

但结果呢?我自己衡量后认为,我可以替他决定的,是我的职责,我就决定;我不能够代替他决定的,是他的职责,就让他决定。也就是说,他的授权我能做的,我就做了;超过授权范围,我觉得自己不能做的,我就留给他去做。

有一天,我的主管从外面进来,一脸不悦地对我说:"曾秘书,有一件事情你替我决定了,是不是?"我说是。他说:"这种事情你都可以决定的话,那要我干什么?我这个老板岂不是假的!"我说抱歉,以后我一定改进,因为他讲得很对——我凭什么替人家决定?所以后来我就格外小心,很多事情不敢决定,就由他决定。

后来主管桌子上的文件越来越多,他又把我叫进去,对我说:"曾秘书,像这种事情也要我做决定吗?"我说是。他又说:"如果这种事情也要我决定,那要你干什么?你轻松得很,岂不是要把我累死?"

这种情况是很糟糕的。我替他决定,他就觉得我侵犯了他的职权;我让他自己决定,他就认为我没有尽到责任。我出来后越想越不对,所以我就进去对他说:"我不干了!"

> 主管马上请我坐，泡茶给我喝。他说："有事好商量，怎么能不干呢？"我说我没法干。他说："你有什么苦恼啊？"我说："这件事我决定了，你不高兴；我没有决定，你还是不高兴。我不可能做你肚子里面的蛔虫，我怎么猜得透你的心思呢？"
>
> 他讲了一句话说："曾秘书，如果换成是别的任何人来讲这种话，我都可以接受，只有你没有资格讲这种话，因为假如你连这种本事都没有，你怎能答应人家当秘书呢？"
>
> 此时，我才想到中国人的事情是永远讲不清楚的。因此，中国人的默契授权应当是有弹性的，绝对不能学习西方那样，按照规定办事，而没有灵活性。

中国人信任人的时候，他是非常信任的；不信任的时候，他就会对你一百个怀疑。

你喜欢的人，你就恨不得他样样都很顺利，很风光；你不喜欢的人，你则恨不得他马上就消失。

这就是说，我们的情绪有时候是两极化的，所以才需要中庸。

现在很多人都开始慢慢在读《论语》，这是一个很好的现象。《论语》中的每一句，都是针对中国人的弱点的。你看孔子讲："人不知而不愠，不亦君子乎？"愠就是生气，是稍微有点不高兴的样子，而不是大发脾气。大发脾气那叫大怒。

人家不了解我，我一点不生气；人家不知道我这么能干，我一点不生气；人家不知道我是这么有名气的人，我一点不生气；人家不知道我这么有钱，我一点不生气……

但现在的中国人却多是"人不知而大怒"，所以我们需要好好反省一下自己。

孔子告诉我们："吾有知乎哉？无知也。有鄙夫问于我，空空如也。我叩其两端而竭焉。"意思是说：我有知识吗？我没有知识。但是有一个乡下人来问我，我一无所知，我是怎么回答的？我就是问问这个，问问那个，然后拉来扯去，最后找到一个比较合理的答案，就是这样。

孔子解决问题的办法叫作叩其两端，即听听两边的意见，然后拉一拉扯一扯，最后大家高兴，就好了。他要什么学问？

部属之间有矛盾，领导应两边拉拢，而不能两边拆散，因为拆散对你不利。这样慢慢就会形成一种企业文化，使员工彼此之间建立相当的默契。意思就是说，遇到问题，下属之间可以在私底下谈，私底下解决，而不要惊动老板。

因为中国人都很喜欢经理跟经理谈，科长跟科长谈，所以尽量不要去惊动老板。一般老板也不会出面，但是他会暗地里去了解，会去疏通、协调部属间的关系。

老板不常出面，只是暗地里协调，这其实也就是我们所说的授权——授权你们自己解决，不要样样都要我出面。

本章要点

本章的核心内容是领导和部属之间如何形成默契的授权关系。因为授权很容易产生弊端，所以授权时一定要慎始善终。

中国人讲究的是心意相通，我们也允许上下之间有默契的不成文授权，但是这种公开的分层负责与私下的默契授权要兼顾并重，灵活运用。同时，默契授权也应有一定的弹性，只有做到能放也能收，方可达到主管放心、部属称心的授权效果。

第十一章
获得授权是最高荣誉

部属获得上级不成文的授权要十分珍惜

一般人都把权力看做一种荣誉，所以部属获得上级授权往往也就成为一种最高的荣誉。但是你却不可以把它拿出来向别人宣扬，而是要很珍惜。难得有这样的默契，难得遇到这么好的上级授权给你，放手支持你，让你去实现你的理想，这是一个极其难得的机会。

部属能够获得上级不成文的授权，心中应该充满了喜悦，非常有面子，那么你还有什么理由不全力以赴呢？

历史上的诸葛亮就是这样。诸葛亮最感谢刘备的地方，就是刘备给他提供了一个机会。如果诸葛亮一生没有碰到刘备，他很可能就会默默无闻，最后老死在他的家乡。

所以我常常讲，像诸葛亮这样的人，并不稀奇，世世代代都有，难得的是能碰到刘备，所以说是刘备了不起，而不是诸葛亮了不起。要不怎么说三个臭皮匠就是一个诸葛亮呢，到处都有诸葛亮，就是运气不好，没有碰到刘备罢了。

老实讲，诸葛亮假如没有碰到刘备，他也就不用那么卖力，更不用全力以赴，只要尽力而为就可以了。是他自己觉得很不好意思：刘

负责之道

备对我这么好，全力支持我，完全授权给我，我能不全力以赴吗？

所以无论如何，诸葛亮也要为刘备鞠躬尽瘁、死而后已了。

我们来算算账你就可以知道，授权带给部属的内心喜悦能够产生多大的好处。

诸葛亮过分操劳，他在54岁就不幸去世了。诸葛亮什么都值得学，就是有一点千万不能学，那就是事必躬亲，什么事都要自己去处理，最后累死了。如果诸葛亮能活到70岁，我看整个三国的历史可能会改写了。

诸葛亮27岁下山，一共为刘备服务了27年，刘备只是三顾茅庐，三次鞠躬，就把他说服了。三九二十七，刘备向诸葛亮每鞠一次躬，诸葛亮就拼命9年，鞠三个躬，他的生命也走到了尽头。

☁ 思考

关公死了，张飞死了，刘备一定要报仇。诸葛亮知道打不过孙吴，就劝他不要报仇，因为这时候报仇是白白送死。可是刘备就是不听诸葛亮的话，他亲自带兵攻打孙吴，结果惨败而归，最后死在白帝城。

请问：

刘备这样做是对还是错？

请把你的想法简要地写下来：

_____

_____

_____

☁ 分析

如果刘备听从诸葛亮的劝告不去攻打孙吴，那人们就会责骂刘备虚伪，没有兄弟情谊。因此刘备不得不报仇，然后大家就会觉得刘备了不起，他们三兄弟了不起。

刘备是因为听了诸葛亮的话才建立了蜀国，也是因为不听诸葛亮的话才流芳百世。

完全听不对，完全不听也不对。若能做到听到就像没有听一样，你说我没有听我也听了，说我听了我又没听，这就是一个标准的中国人。

好自为之才能长久获得授权

权力得来往往都很不易，因此更要好好珍惜，好好表现，这样才能长久地获得这种荣誉。

获得授权的部属千万不要大意，一定要好自为之，小心为妙，因为老板随时都会无情翻脸。如果部属的行为引起怀疑，如果被发现有猫腻，如果被发现对外宣扬，授权马上就会被收回。

有人很喜欢在喝茶、喝酒的时候吹牛："我们老板的事情，我告诉你，我说了算……"其实这是最不好的。这句话如果传到老板那里去，第二天你再解释什么都没有用了，因为是你自己闯的祸。

别人说你很有办法，你是老板面前的红人，你说了算，你一定要说："绝对没有这回事，我样样要请示老板。"这样你就可以说了算，这也叫阴阳互补。

你若是对外招摇，老板就会对你很不放心。领导人常常会很放心地授权给那些不想弄权的人。只要让他感觉到你很喜欢权，你在抓权，他就开始怀疑你会弄权，会争权夺利。这是我们自己要小心的。

其实授权人人都会，我们在家里也要授权。而且我们随时随地也都在授权，只不过我们授权的方法跟西方人不太一样。西方人的授权很明确，中国人的授权多半很含蓄、很含糊，他不会很明确地给你权的。另外我们授权就三个字，你"看着办"好了，这也是授权。你认为你可以决定你就决定，你认为你不能决定你就向我请示。我们一切的看着办，会因人、因地、因事、因时而的不同而发生改变。

其实，你只要能够做到让老板放心，他就会全部授权给你。因为有时候老板一旦相中一个人，可能会把整个企业交给你打理。中国人一旦相信你，往往是非常的信任，但是你要小心，他也随时可能会变。是谁让他变的呢？是你让他变的。

人与人之间，不是越来越信任，就是越来越怀疑。所以当他开始怀疑你的时候，他就会对你越来越怀疑，然后样样看你不顺眼，最后他就会跟你翻脸；而当他对你信任时，他也会越来越信任，什么事情都敢交给你。

然而我们要做到让人家越来越信任，而不要让人家有怀疑，却也并不那么容易。

作为一位部属，如果你的老板相信你，你怎么才能够让他对你越来越信任？那就是你要替他着想。比如可能会引起他怀疑的地方，你就提供充分的信息让他了解，该让他知道的，统统要让他知道，这样他就会越来越信任你。

🌀 思考

有一次招待客户，老板亲自出面。老板在场的时候，客户当着老板的面说自己滴酒不沾，于是老板就和他喝茶。几道菜过后，老板有事先离开了。这时客户却跟我说，我们喝啤酒吧。结果我们一共喝了24瓶。

请问:

我回去怎么报账才能不被老板怀疑呢?

请把你的想法简要地写下来:

_____

_____

_____

分析

因为老板亲耳听到客户说是不喝酒的,结果回来一看账面上却多了 24 瓶啤酒,他就会怀疑是不是你带回家去了。像这种事情你就要赶快跟领导讲清楚,不讲你就糟糕了。可是你该怎么讲呢?假如你直接去跟老板讲,老板就会说我又没有怀疑你,你怎么这样讲?可见你这是此地无银三百两,你自己有鬼吧!不然你怎么知道我会怀疑你?没有用。

但是你如果不讲,他就会怀疑你。所以我就会跟同事讲,我说今天真倒霉,那个人他当着老板面说他不喝酒,老板走了以后,他却喝了 22 瓶。

其实我是故意这样讲的,而这样一来这句话很快就会传到老板耳朵里。老板一看 24 瓶,你只喝了两瓶,其他都是客户喝的,他就不再怀疑了。即使有人打小报告,他也不会相信了。

你应该做的事情,是先把可能引起怀疑的门堵住。我们现在常说,我又没有骗人,身正不怕影子斜,然而这是不够的。我们应该设身处地地想一想他可能会怀疑我们什么地方,事先就把这扇门堵住。

我们要学会保护我们自己。我们不可以去攻击别人,但是我们一定要保护自己,这才叫中华文化。中华文化是保护自己,但不会去攻

负责之道

击别人。我举几个例子,我们一起体会一下。

1. 士为知己者死

中国人相信:士为知己者死,但前提是必须要看值不值得。你看诸葛亮碰到刘备,诸葛亮死而无憾。如果曹操也找诸葛亮,也三鞠躬,诸葛亮下山,结果恐怕就会非常惨。

因此,天底下对关公最好的不是刘备,是曹操。曹操爱才如命,上马接,下马迎,你要官,他就封你官,你要马,他就把最好的马给你。但关公对此却始终无动于衷。照理说关公碰到曹操,应该是"士为知己者死"了,但他却没有。他跟曹操讲,你对我这么好,我会留下来,但有一条:一旦让我知道刘备在哪里,我便会连夜去看他。

所以,"士为知己者死"是有一定条件的,而不是盲目的。你从关公对待曹操上就应该看出这一点。

2. 合而不同

一个人即使表现得再好,背后也仍会有人批评你,这是很自然的。同理,你说出来的话,没有人不赞成也是不可能的事情。

一个老板讲话如果所有人都赞成,就表示你太专制了,表示大家根本不把你的话当一回事。

一个人讲话要是能有 5% 的不同的声音,这就是真理。

一个人不要期望别人 100% 的同意,这就是合而不同。实际上,只要是两个人,就永远不可能完全意见相同。

3. 体会几句口头禅的深层含义

中国人有几句话是千真万确的,也是要特别注意的。第一,很难说;第二,不一定;第三,看着办;第四,我知道了。

作为被授权者,我们一定要注意体会老板这些口头禅的深层含义。

本章要点

本章的重点是被授权者如何得到领导信任,从而获得长久的授权。要做到这一点,被授权者应当把获得授权当成一种荣誉,并努力保有这种荣誉。在中国,当你获得授权以后,千万不可拿来向别人宣扬,而要好好珍惜,好好表现,这样才能够长久地获得这种荣誉。而为了让领导相信自己,就要处处替他着想,如果出现领导可能会怀疑的地方,就一定要向他提供相关信息,让他了解所有的情况,这样才能够让领导越来越相信你,这样才能够让领导放心授权。

为了培养与领导的默契,我们还要注意保持低调,以便保护自己,但却不可以去攻击别人。此外还要细细体会中国人常用的一些口头禅,能够有很高的悟性去领会领导的意思。所有这些都是作为被授权者应该注意的。

本篇总结

俗话说:"大丈夫不可一日无权。"现代社会男女平等,更是"不分男女,不可一日无权"了。既然大家都想要权力,那么将它分授给别人也就难免会有一些实际上的困难。

要求上司授权,这分明是夺取权力的宣示。夺权的部属很可能会成为上司注意的对象,因为会夺权的人大多另有企图,不是滥用职权,便是愈来愈扩大权力范围,终致逾越职权。而滥用或逾越职权,都是上司所不能容忍的。

其实我们也都心里有数,权力使人腐化。既然权力有这样的后遗症,为什么还那样急于想要呢?授权是上司的事情,不应该是部属的期望,或者争取的目标。部属只要尽到自己的责任,上司大多都会对其比较信任。一方面重视责任，一方面赋予信任，不就等于授权了吗？

部属抱着尽责任的心情的同时还要时刻注意，不要逾越自己的职守，以免侵犯上司的权力。既重视自己的责任，又能尊重上司的权力，这才是良好部属应有的修养。

实际上，上司自己也会衡量对什么样的部属授权到什么样的程度。但是我们透过分层负责来显示，并不明令规定授权的范围，不过是说法不同，在性质上仍是一致的。

以部属为主、上司为从，当然要授权。但实际上却是上司为主，部属是从，所以讲分层负责并不强调分层授权。如果觉得主从的观念不够民主，也可以换成主伴的观念，至少有主有伴，才合乎伦理的要求吧。

在一家公司内，我们的责任是整体性的，牵一发而动全身，因此要将其加以分割实际上很不容易。自古以来的连坐法早已使我们心中有数：部属的任何错误最终都将连累上司。而上司的责任，事实上也必须由部属来完成。这种互依互赖的紧密关系并不是西方所谓的个人主义所能够明白的。

西方组织由于主张权责分明，谁出错谁负责，所以能够清楚明白地授权。但在中国社会，权力与责任根本就分不清楚，因为我们是团体与个人并重，部属出错，主管必须负起连带的责任，如此一来，谁还敢明白地授权？难道授权以后真的就可以不必负责了吗？恐怕谁也没有把握。

权力无法分解，责任则比较容易区分，因此我们出于伦理方面的考虑，为了表示对上司的尊重，大多讲求分层负责，并不明目张胆地要求分层授权。大多数主管都是口头上宣示授权，实际上却做不到，而且层级愈高，这一情况就愈严重。但我们并不认为这样不好，因为事实上上级主管也有其不得已的苦衷。

"权"字大多和"限"字并用。权限的意思，一方面表示所拥有的权力十分有限；另一方面也是在提醒大家，运用权力必须受到合理的限制，不应该毫无限制地运用。

无论如何，谈权力总是比较敏感的。上司与部属争权，再怎么说也很伤感情，因此还不如说分层负责的好——只要做得合理，做得彻底，其效果是一样的，而且还会更好。

第三篇
组织人员发展优于人力资源管理

管理的目的在于理人管事,透过理人的方式来达成管事的目的。理人的意思是:看得起所有的人。管事的用意则在于把工作做好,达成良好的效果。管事的要点,在于合理安排各种相关的资源。只要能够配合妥当,便是有效的管事。

　　资源的"资"原本指的是钱财,它既可以拿来应用,也能够用来蓄积。"源"的意思则是指事物的源头,而且含有源源不断的意味。各种管理的对象,包括经费、物料、设备机器、工具、物品,甚至时间、场地、方法、程序、通讯、计划,等等,都可以当成资源来看待,设法加以有效的管理。

　　由于对工作人员的人性不够了解,也不予以重视,人力资源管理轻易地把人也当成资源,好像有力才有用处,否则就等于废物。当然,人力的"力"包括体力和智力,但是人的体力和智力却是各有不同。如果依照管理资源的方式,建立严密的组织,实施严格的纪律,采取标准化的工作程序和方法,以及规定工作时间和内容,把从事工作的人员硬性而刻板地加以管制,丝毫没有表现其意志、展现其才能的机会,那就是视人犹物。把人不当人看,不但不可能发挥人员的潜力,而且对提升公司的生产力和竞争力也会有很大的伤害。

　　以人为本的管理应该以人为中心来实施管理。我们不应该把人物化,而应该视人为人,把人真正地人化,也就是把人当成人看待。这样的话,人就不是资源,因而也就不应该再说什么人力资源。

人应该成为全人,才可能充分发挥自己的潜力。无论是在生理上、心理上还是在智慧上,每个人都应该受到全面的敬重和启发,所以,人员需要持续地发展,并且要与组织的发展保持同步,以免产生组织不需要的呆人,造成人才断层的危机。

 自我测试

请你判断下列说法的正误:

1. 只有被利用的对象才是资源,而人则是不能被利用的对象,人不能被当成机器、工具或者物料,所以人不是资源。

　　对□　　错□

2. 管理不是管人,管理是管事、管物、管人以外的资源。把人纳入管理,相当于把人当成了动物。

　　对□　　错□

3. 一旦把人纳入管理,就会一切公事公办,这样必然不得人心。

　　对□　　错□

4. 人是不能管的,而事情是要管的,因此要学会以管事来带动人心,让员工把他们的身心投入到其所从事的工作中,这样他们就一定会积极配合,把工作做好。

　　对□　　错□

5. 员工潜力无限却不愿意发展,是组织最大的损失。

　　对□　　错□

6. 没有一个中国人承认自己没有能力,对中国人来说,"不为"远

远多于"不能"。

对□　　错□

7. 管理的软件具有民族性，各个国家都有自己的特色。

对□　　错□

8. 整个的人员发展进程简单到用以下8个字就可以涵盖：进退、奖惩、教养、老死。

对□　　错□

9. 人员的发展一定要符合中国的民族性，使其向着正确的、有利的方向去发展。

对□　　错□

10. 调整前后的心理建设，是调整成功与否的关键。

对□　　错□

如果你选择"对"的数量在8个以上，说明你对组织人员发展颇有研究；

如果你选择"对"的数量在5～8个之间，说明你对组织人员发展有初步的认知；

如果你选择"对"的数量少于4个，说明你对组织人员发展的认识还相当有限。

但是无论你选择"对"的数量是多少，总是还有需要完善、值得学习的地方。因此当你翻开下一页的时候，你就会发现"组织人员发展优于人力资源管理"竟是如此玄妙。

第十二章
人力不应视为资源

人力不是资源

人力非资源体现中国人的价值观

人不应该被视为资源，人根本就不是资源，这是东西方文化中很重要的一个差异。只有被利用的对象才是资源，而人则是不能被当成机器、工具或者物料的，所以人不是资源。这种观念符合中国人的传统意识，是中国人自身特性的一种体现。

中国人什么都可以忍受，就是不能忍受你不把我当人。

在中国的传统思想中，一个人活着，只要修养好且不伤害他人，这个人就有价值，所以我们才说职业没有高低贵贱之分。如果不接受这样的观念，而是认为职业就有贵贱，赚了钱的人就了不起，就有价值，没有赚到钱就没有价值，这是不对的。

但我们今天却接受了西方的观点，认为有利用价值的人才是社会需要的人。这是非常严重的一件事情。

所以为什么在中国很难辞退一个人，而在西方社会辞退员工却是件轻而易举的事——只要到星期五就解雇他。你需要慢慢去体会，为什么西方人做得出来,而我们却不能这样做的原因。

中国人重视人,重视他的修养好不好。如果一个人修养不好,就算身居要位、才华横溢,大家也不会将他作为自己的典范和榜样。再者,就算这个人赚了很多很多钱,他依然不被我们所看重;反之,只要这个人从不危害他人,他就有价值,哪怕他是乞丐,哪怕他一生一无所成。"上天有好生之德",就是根据这点来说的。

但是,我们现在却有很多人盲目地接受许多西方的观念。我们现在有一个非常严重的问题,就是整个社会的价值标准不再以道德标准衡量他人,而是"一切向钱看",致使整个社会的价值标准都发生了倾斜和扭曲。你到美国去看看,所有的电视、网络、广播等媒体都离不开钱,因为它是资本主义社会,所以它开口就告诉你这个值多少钱,那个值多少钱,你来可以得到多少钱的好处。这不应该是我们所需要的。

如果我们继续提倡西方的人力资源管理,无疑会进一步助长这种恶劣的社会风气。

中国的"以人为本"观念

中国人最基本的观念叫作"三大",即天大、地大、人亦大。天有天的作用,地有地的作用,人也有人的作用,如图18所示。

图18 中国的"三大"观念

没有天，地也没有用，因为天虽然不会说话，但是它却会帮人——它会下雨。如果天不下雨，一块土地就没有用处。所以地在天不断地给它水之后，就有生物出现，慢慢地人就出现了。

人在天地之间是一个非常重要的物种，因为人不是一般的动物，人为万物之灵。如果没有人，其他动物也就没有存在的价值。所以我们很早就发现，人跟一般的动物是不一样的。

西方有一门学问，叫作人类学。人类学汇集了很多有学问的人，然后研究出来说，人跟其他的动物是一样的。它否定了一句话：人为万物之灵。而西方人也正是因为接受人类学的这样一个结论，才把自己当成动物。中国人则从来都不这样认为。我们自古以来就知道，动物叫"畜生"，人跟畜生是不一样的。人跟畜生一样，那算什么人？

我们应该具有这样一个认识，就是西方人没有这种天、地、人的观念，只有中国人才认为人居天地之中，并认为中间的人最重要。

人为什么最重要？因为有了人，天理才会明显地表现出来。没有人谁去管天理？牛会管天理吗？老虎会管天理吗？所有的动物都不知道什么叫天理，因为它们说不出来。而人活着就是要明白天理，就是要把它彰显出来。同样，因为有了人，地才会有利。地会产生利，利益的利——所有的利益都是从地产生出来的，所有的资源都是从地长出来的，但是没有人，即使有了这种资源，也没有用。

只要一个地方没有人，那里就是荒芜的，统统没有用。矿产是人去开采出来的，动物是人养育出来的，植物是人去把其种子收集起来然后种植出来的，可是人跟一般动植物却完全不一样。

人为万物之灵。为什么叫作灵？就是因为人类跟动物比起来，我们的奔跑速度绝对比不过马，力气则不如狮子、大象，初生时的生存能力也比不过动物……人是很脆弱的，但是后来却变成了最坚强的，因为他有不同于动物的地方，这就是灵性。

人有灵性，他知道判断是非，知道怎样去把事情做得更好。一个人如果没有灵性的话，那就跟动物没什么两样。

人可以参与天地的化育。什么叫作化育？化就是教化，育就是培育。化到他没有坏的习性，化到他能够做一个很善良的人，化到他能够把事情做得很好，这叫作组织。所以做一个人，如果没有教化的观念，这个人跟野兽是差不多的，跟动物是一样的。不知大家有没有发现，一般动物生生世世就是一种方式生存，只有人不停地在改变。

万物之中人的创造性、自主性最高。创造性是人的灵性之一。动物没有什么创造性，唯有人有一种特殊的权利，即创造，但这也是相对的，是不能乱创造的，是应有约束的。遗憾的是，我们现在却是开始乱创造了。我们违背天地自然的规律盲目地破坏自然，盲目地污染环境，以至于自然开始出现各种问题，开始惩罚人类。

万物之中人的自主性最高，动物是没有自主性的。自主就是你要替你自己负责任，而不是说我爱怎么做就怎么做。能对自己的所作所为负起全部责任的才是人。

人是运用各种资源的组织主体

西方并不以人为本，而是以事为本。西方人也不太看重你的人品，他们更看重你事情有没有做好，工作有没有做好。西方所谓的人力资源，人是一个工具，你只要把你的功能发挥了就可以了，至于你个人做什么事那是你的事。

而以人为本，就不能把人本身看作资源了，而是能够运用各种资源的组织主体。组织是以人为本的。有人说组织是以物料为本的，这种说法显然不合理，因为再多的物料也需要人去整理、去分析、去制造，最后才会有成品出来。人是来运用各种资源的，所以人本身不是资源。

任何人只要把人当成资源，他就犯了一个毛病——把人当作物品、工具。物品和工具是没有思想、任人摆布的，没有哪个人愿意被他人摆布。

人富有创造和自主的本性，每个人都应该受到尊重；人是运用资源的主体，而绝非资源。

视人犹物，违反人性

在西方的人力资源观念中，人被当成人力资源去利用、去处理，这种观念本身就是错误的。这种观念视人犹物，把人看成跟物一样，严重地违反了人性。

资源是没有情绪的，你把机器放到室外，风吹雨淋，它也不会抗议；你把人叫到外面，一下雨，他就会喊："下雨了，怎么办？"他是有情绪的。而人是有情绪的，是不受摆布、事事都要自我决定的主体，所以你只要不处理，他自己就进来了。

人性的特点第一个是要创造，第二个是要自主，我不接受人家的摆布，不要把我当工具，因为我不是工具。

人不是物，人就是人，因而也就应该受到尊重。

自古以来，中国人就明确地将人与动物区分开来。天地之间有很多生物存在，其中人最重要，因为只有人才具有开发、利用资源的能力。正因为中国自古以来就重视人的价值，中国人才提倡以人为本。正因为人是万物之灵，人有别于其他任何事物，所以如果把人作为资源看待，就是视人为物，违反人性。

负责之道

人不能被纳入管理之中

从事企管的人一定要记住：人是一定要受到相当的尊重的，你绝对不能把他当成人力资源来看待，因为他根本不能纳入管理。

管理的对象是物不是人

谈管理是需要一定背景的。管理不是管人，而是管事、管物、管人以外的资源。因此把人纳入管理，就相当于把人当成了物。

西方人是根据钱来管人的，你给我钱，我就听你的；而中国人则是"你给我钱，我拿了，但我还是不听你的"。西方人讲求的是权利义务，权利义务明确了，他就会遵守。中国人比较重视责任，只要心中愿意，再大的责任也愿意承担。

而且，人基本上也不应该被管。比如，你过多地干涉你的孩子的成长，他就不能独立，他将来出去后始终会很依赖你，你就要对他操心一辈子；一旦你不在了，他就会孤苦伶仃。

过度管理会伤害所有的人。其实我们现在就有点过度管理，好像什么都要管。一定要记住，人是不能管，也不必要去管的。

人不是物，应该受尊重

人性和动物性是很不同的，其中最大的不同之一就在于人性需要受到尊重。

人需要受到尊重。比如你看到一个乞丐，如果你把钱扔给他，他心里就会很不高兴，就会暗暗说："你有几个臭钱就了不起吗？有什么了不起的！"因此，当你看到乞丐，你要么就不理他，你要理他，还是要规规矩矩给他钱的。

孟子当年讲得很清楚："孝子之至，莫大于尊亲。"你有钱给你的爸爸不是孝顺，你买很好的东西给你爸爸吃，也不是孝顺，为什么？因为孝顺与否关键看你对自己的父母有没有敬意。你没有敬意，就不是孝顺——没有敬意，和对狗好、对猫好是一样的；有了敬意，那就是对父母好。

对猫或狗你可以没有敬意，可是人是需要被尊重的。你不尊重他，他就不愿理睬你。所谓"敬人者，人恒敬之"，"敬"其实就是看得起、给面子。你对他人不敬，他人自然也就不会替你尽力。

但是人力资源，也就是把人贬为资源，就表示看不起人，实在是一种不尊敬。

"敬"就是让对方感觉到他受尊重，而人力资源则无法显示对人的尊重，所以我们建议把人力资源改成组织人员发展，因为组织是由人员组成的，它不是由物料组成的，而且人们都需要发展，不管他在哪个位置——哪怕是总经理也是要发展的。我们一起来互动，我们共同求发展，大家就会都有面子。

我们许多中国企业盲目学习西方，推崇人力资源，把人归由人力资源部管理。这与中国"以人为本"的价值观是相违背的。

而现在更为糟糕的是，公司的每个人都要戴一个胸卡、工作证什么的。人戴上这个东西以后，我讲句很不好听的话，就跟戴狗牌子没有什么不同——尤其是如果上面只有号码就更惨了。假如我们在公司里面说，"3号，过来一下！"那你跟机器就一样了。

现在的企业管理越来越把人不当人看，使得人越来越没有面子，越来越没有尊严。好像说我们只是赚钱的机器，你会赚钱，你就受到重用；你不会赚钱，我就把你辞退，这种管理是非常不人性的。

我们需要人人发展，大家一起努力，你看得起我，我看得起你。

人受到尊重以后，会带来很多好处。尤其中国人是很爱面子的，因此这一点也就显得格外重要。

本章要点

人不应该被视为资源，因为人根本就不是资源，这是东西方文化很重要的一个差异。人是运用各种资源的主体，所以人本身不是资源。

中国人提倡以人为本，因为中国自古以来就重视人的价值。正因为人是万物之灵，人才有别于其他任何事物，所以如果把人作为资源，就是视人为物，违反人性。况且，人不是物，人应该受尊重，基本上是不能够将其纳入管理范畴的。

第十三章

从管人到理人、安人

有人会产生这样的疑问："人不能管，难道应该对其完全放任吗？"或者认为："组织是个团体，非管不可。"但是，无论怎样，对人进行管理绝对不会有好的效果。既然人不能被管理，那么一个组织也就必然会有新的方法来凝聚员工、激发员工的创造力，这个方法就是"理人"及境界更高的"安人"。

人之所以不能管，是因为管人存在明显的三大问题，下面我们就先从这三大问题说起。

管人带来的三大问题

第一大问题

爱管人的人，经常会被他所管的人给活活气死。这是管人带来的第一大问题。这是很不值得的。

我们跟西方人不一样，比如，当你和外国员工谈论权利义务的时候，他会注意听，他会与你讨论，甚至提出自己的意见，他会直接说出"这个我不能接受"或者"你这个要求太过分了"等话语；而中国人就不会这样，因为中国人认为我在求职的时候，我与你讨价还价很容易丧失机会，中国人相信"人在屋檐下，不得不低头"的理念。所以，即使你提出类似"早晨4点上班"或者"不能睡午觉"等苛刻要求，他也会一一答应下来。

但是，口头上的应允并不表示他就从内心接受了你的要求，这只是他为了马上抓住这次机会而做出的暂时性让步。一旦得到了这份工作，他就会在以后的工作中想尽办法让当初刁难自己的人为难，要活活把他气死。他是早上4点钟来的，但是一来就开始打瞌睡，被你看到了他会说"不好意思，不好意思"，等你一走他又会马上继续打瞌睡。

这种阳奉阴违的行为固然可恨，但是这样的结果却也正是管人的人所造成的。具体来说，是管人之人无理的、过分的要求造成的。因为这个管理者没有设身处地站在对方的立场上看问题，所以最终造成了这种局面。

谁造成的？是管人的人造成的，是提出要求的人造成的。可以说，长期以来我们的管理方向都是错误的。

我们常常痛骂那些阳奉阴违、拖拖拉拉、口是心非、坏习惯一大堆的人，说什么没有良心，不够诚实。但是，我们为什么不站在他们的立场想一想？如果要求是合理的，是可行的，他们为什么要阳奉阴违呢？ 实际上，正是由于提要求的人提出的一些不合理的条件，大家无法接受，又不方便当面提出来，或者提出来不但没有用，反而可能受害，这才逼着他们不得不以阳奉阴违的方式来力求自保。

因此，不是被管的人不对，而是管人的人不对。

第二大问题

一旦把人纳入管理，就会一切公事公办，这样一来必然留不住人心。这是管人的第二大问题。

所谓公事公办，就是管理者一切照规定处理。凡是公事公办的人，心中必然只有事而没有人。由于规定是死的，而情况是变动的，这样就会留不住人心。

以宾馆为例，有许多宾馆都拥有绝好的硬件，但是宾馆的服务员却在午休时间清理房间。这种服务就是来源于忠实的公事公办，完全不替客人着想。而且当你向宾馆服务员打听附近哪里有银行、超市等简单的问题时，他们却往往无言以对。这样的服务人员根本没有心，根本不了解什么是真正的服务，他们只会用嘴巴服务。

我们今天的服务水平为什么那么低，就是因为公事公办，完全不替客人想，完全不替他人想，因为所有的规章制度都是死的。

由于我们在制定制度的时候往往缺乏实际的经验，所以定出来的规矩虽然十分理想，却不能切合实际的需求。而宾馆既然是以提供服务为宗旨，宾馆的工作人员就应该站在顾客的立场来多方面考虑问题。住宾馆的客人，大多不是本地人，对本地的情况不是很了解，除了自己做一些攻略以外，他们还会向服务人员询问餐馆、车站、旅游景点等相关事宜。如果服务人员一问三不知，那就不是良好的服务了。

公事公办的意思是一切按照规定办理。实际上即便是一切按照规定行事，也仍然有很多事情值得我们用心衡情论理，然后才能做出合理的应对，不用心是不行的。

公事公办，你管不了他的心，也就留不住他的人。你如果只能管住他的人，他就会变机器，变工具。工具是没有变化的，而人则是活的，所以人就应该动脑筋：怎样才能把这件事情做得更好。

机器摆在那里，它就在那里，只是没有抵抗，只是顺从你。只有人才会配合你——人一看到你在找东西，他就会问你找什么。

因此，我们如果要留住人心的话，你就不能把人纳入管理，一旦纳入管理，他就会公事公办，他就会没有弹性、没有责任。

第三大问题

管人带来的第三大问题是大家维持不被开除的水平，暮气沉沉，缺乏竞争力。

任何人刚进入一个新环境时都对其充满了希望，没有人愿意得罪上司，赶走顾客，把事情搞得一团糟。但是他们一进到被人管的公司后，就会变得越来越懒惰，越来越没有自信，就想维持现状，只要不被开除就行。

人员缺乏竞争力，就是把人当做资源进行管理带来的直接后果。

你想管我，表示我不如你；你要管我，显然我使你不满意。一旦有了这样的感觉，大家就会变得消极、被动：凡事都等待指示，推一下动一下，不推就不动。而上司看见部属如此，就会管得更严更紧，于是大家也就愈来愈做表面文章，搞形式主义，只要瞒得过，什么事都不想做。一旦出现这种恶性循环，就表示愈管得严愈没有好的效果。

我看到很多公司都购买了非常先进的机器，但就是发挥不出预期的效果来，这就是人的问题——很精密的仪器人把它用坏了，本来速度很快的齿轮人为地把它调慢了。因此我们的很多机器都是放在那里放坏的，而不是用坏的，之所以如此就是因为人没有新意，缺乏竞争力。

学会理人

反感被人管是人的一种本性

反感被人管是中国人的一种本性，比如我们常常听到一些话语："你凭什么管我？""谁让你管？你管谁啊？""你干吗管我？你有本事管他，管我干什么呢？"还有更直率的，就是："不要你管！"

此外，中国人还常说这样一句更妙的、独一无二的话："就凭他那种德行，还想来管我？"

由此可以看出，中国人是何等重视德行——他们认为只有品德优秀的人才有资格管理他人。这种话在中国人看来是言之成理、顺理成章的。

人只能"理"，不能"管"

人不能管，那该怎么办呢？

很简单，别忘了管理包含"管"和"理"两个字。中国人习惯说："你为什么不理我？来了半天都没人理。"中国人对于无人理睬是很在意的，由此可知，对中国人只能理，不能管。

西方人根本就没有去想过这些东西，他也根本不懂这些东西。因此管人的人是很吃亏的，可是理人的人就很占便宜。

什么叫理？理就是看得起。你看得起人家，人家就看得起你，这也叫作"敬人者，人恒敬之"，所以人人都愿意讲理；而管就是看不起，所以我管你就是表示我比你大，你就要听我的，那样一来你就很没有面子，即使你挣再多的钱也没有面子。

中国人最喜欢听的话，就是"我支持你，你放手去做""你办事我放心"。部属看得起你，你就会照顾他；部属看不起你，你就会公事公办。上司看得起你，你就会多动脑筋，把事情做得更好；上司看不起你，很简单，你就会混，混到不被开除就好了。我觉得这是人之常情。

我曾问过很多人：你不过领这几个钱，你干吗这么努力？他说不行啊，我们老板看得起我啊，给我很大的面子，我只好争气呀！

还有的人就是在那里，坐也不像坐，站也不像站，他什么都不想做，我问他你现在干吗呢，年纪轻轻就这样？他说我们老板根本就看不起我，我再表现也没用，我还是省点力气的好！

所以我们一定要了解中国人有这么一个"士为知己者死"的问题。人对人是一面镜子,你笑他就跟你笑,你骂他,他也骂你。要想叫人家怎样对你,你就应该怎样对他,这都是我们老祖宗讲的。

因此,想要让员工尊敬你,想要让你的员工对客户好,你就要看得起他,你就要对你的员工好。只要你对员工不好,他们就不会对你的顾客好。同理,你要你的员工对顾客讲话客气,你就要对你的员工讲话客气。这是中国人很明显的一个个性。

学会安人

安人才是最高境界

学会"理人"还是远远不够的,让员工努力工作的最高境界叫作"安人"。

达到安人的境界,你即使不理睬员工,他自己也会很安心,他自己很自爱,也会表现得非常好。这样的人了不起。可是很少有人能一下子就到达安人的境界,一般来说,都要经历一个从理人到安人的过程,如图19所示。

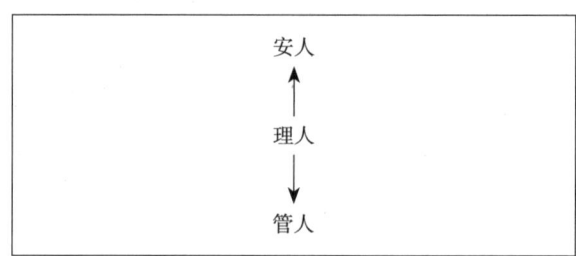

图19 管人、理人与安人

从管人提升到安人

管理有两个字,一个管,一个理,我们把它叫作"管事理人":你要管事情,不要管人;你要理人,你很难去理事。可是现在我们却偏偏都在"管人理事",完全搞错了对象,这是最严重的问题。

人是不能管的,而事情是要管的,因此你应专心去管事,老管人干吗?你要学会以管事来带动人心,让员工把他们的身心全力以赴地投入到工作中,这样他们自然就会与你积极配合,自然也就会把事情做得很好。

但是,你一定要看得起他,要尊重并信任他。如果你一开口就说"我看你也做不好",那他就真的会做不好。这就是为什么中国人总是要鼓励别人:"你放心吧,到时候会有很多人帮你忙""你好好去做,一定没问题"。这是一种激励他人的好方法,这种激励和西方的激励是不一样的。

我们天天做了很多徒劳无功的事情,就是无法打动下属的心。一个会带人的人,主要就是能打动对方的心。所以我们说"动心你就跟他走"——不动心,你是绝对不会跟他走的。

安人,是最高的一个境界。中国人喜欢随遇而安,随时随地都要安,这是一种整体的安,而不是个人的安。我们时时刻刻都要安,随时随地都要安,一时不安就不行。

安人,用通俗的话来说,就是把人安顿好。当老板其实只有一个任务,就是要把人安顿好。人一安顿好就没事了,人没有安顿好,即使你有天大的本事,也无法带动他的心。

但是我们也不能一下子就要求那么高,我们可以先抛弃管人思想,不要再讲人力资源管理,然后我们把它变成理人,也就是人员发展。

人员发展就是把所有人的潜力都开发出来。中国人其实很简单，只要你看得起他，他就会拼命去做；你看不起他，他完全不会把事情做好，更不会拼命。

所以中国人很会用人。碰到难处理的事情，老板会对你讲："这件事情别人是做不了的，所以我不敢给别人去做，但是你又那么忙，我实在不好意思让你做。"这时你就会说："不会呀，我来做吧！"老板两句话就把你激励起来了。

把管人提升到理人，需要大家在观念上进行一些改变。你观念一改变，做法就不一样了。

人性的尊严要靠我们来提升。只要人性没有尊严，这个人就没有精神；人一没精神，他就没有灵性，然后他就会慢慢变得像动物一样，打一下动一下，消极被动，这样一来他自然没有办法主动配合你。

在这个世界上，中国人的人性尊严自古以来都是最高的。

中国人在五千年的历史中，能够把天、地、人讲得那么清楚。老子、孔子都讲过人是什么，那种定义都是很有价值的，都是很有尊严的。为什么？因为他们知道，人性是要有尊严的。

人只要没有尊严就会伤心，所以中国人对这点的要求特别高。中国人一般只相信自己的道理，而不太相信别人的道理。在西方社会，真理越辩越明，但对中国人来说，真理却很难越辩越明。中国人无论你怎么辩说，他就是不认账，他永远不认输，永远坚持自己是对的——即使心里已经知道是这样，嘴巴上还是强硬的。这也是我们中国人的一个特性。

中国人有钱会过得很有尊严，没有钱也过得很有尊严；有钱过得很高兴，没有钱也过得很高兴。我们是没有条件的生活，不像西方人是有条件的生活。我们可以随遇而安，全世界没有一个民族做得到这一点，只有我们做得到。

中国人是不能管的。这句话我希望大家一定要好好记住。

本章要点

爱管人的人经常会既费神费力又不值得；一旦把人纳入管理，就会一切公事公办，这样必然留不住人心；把人当成资源管理，大家就会维持不被开除的水平，暮气沉沉，缺乏竞争力。这是管人会带来的三大危害，一定要坚决杜绝。

要想杜绝管人的三大危害，就要学会理人，理人就要尊重他人，敬人者人恒敬之；理人其实还是不够的，让员工努力工作的最高境界叫作安人。若能达到安人的境界，你即使不管员工，他自己也会很安心，也会表现得非常好。

第十四章
人力资源管理改为组织人员发展的优势

人员潜力不愿发挥出来是组织的最大损失

人员潜力无限却不愿意发挥，是组织的最大损失。为了避免出现这种情况，我们建议把人力资源管理改成组织人员发展，建立人员发展部。它本身就是一个部门，所负责的对象是全体员工，从总经理到基层员工，大家站在平等的、同步的、彼此尊重的水平线上共同谋求发展。

彼此没有敬意是不行的。想让员工好好工作，就要看得起他，这是最起码的条件。正像孟子所说的"是不为也，非不能也"，即他是不愿意去做，而不是没有能力。当一家公司很多有能力的人都对公司事务袖手旁观时，这家公司就很难走向成功。

很多时候，中国人不是不会做，而是不敢做，因为做了很可能就要倒霉、挨骂，或者被人嫉妒。

对西方人来说只有一个能不能的问题，所以他们可以讲能力本位，你有能力你就做，你没有能力就不能做，道理非常简单。中国人谁没有能力？假如他考核甲等，你考核乙等，你会很不服气。然后你就会问："为什么他是甲等，我是乙等？"这时领导千万不该讲出这句带有西方色彩的话："因为他的能力强。"否则，评为乙等的人会很不服气："我的能力不如他！你怎么知道我的能力不如他？你把机会让给他，让他去表现，你不让我做，还说我没有能力？你下次把他的事情给我做，我会做得比他更好。"这就是东西方的差异。

人的潜力是无限的，只是有人不愿意开发、不愿意表现出来而已，而这则是组织最大的损失。我们常常会看到一个本来什么都不会的人，突然间变成什么都会；或者一个什么都会的人，突然变成什么都不会。前者是愿意发挥潜力的表现，而后者则是故意隐藏潜力——这是公司最大的损失。

"三不"大于"不能"

没有一个中国人会承认自己没有能力，对中国人来说，"不为"远远多于"不能"。"不为"包括三种情况，即不肯做、不敢做和不愿做。也就是说，不肯做、不敢做、不愿做的比率远大于不能做，如图20所示。

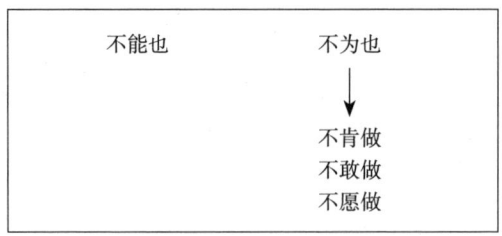

图20 "三不"图

有能力而不肯做

有能力而不肯做是因为有所顾虑，害怕做错了要自己承担后果。

每个人一开始本来都准备多做、多学习、多积累经验,但是渐渐觉得这样做不值得,于是就放弃了。

有能力而不敢做

不敢做的后果要比不肯做更严重。不敢做是因为"多做多错多挨骂",其实这是一个概率问题,谁都不能保证事事都做对。如果上级总是对结果苛求而且标准过高,就会让员工主动放弃努力。

你与你的上司一起去拜访客户,上司发言时列举了一些数字,你一听根本就不对,你会怎么办?其中一种可能是——你心里想:"上司之所以派我出来,就是因为我对他有责任,如果他讲错了,我就要补充、改正。"于是你就明确地指出了刚才上司报告中的错误数字。这种选择很有可能会让你在事后挨骂。老板会说:"我知道那个是错的,我怎么会那么笨?那么笨怎么当老板?你自己也不反省一下。刚才我一看情况不对,故意讲了一些错的数字,你比我高明?还给我改正?你算老几?"

在这之后,你可能会汲取教训,再遇到这种事你就三缄其口,可是回去之后你又被训了几个小时。上司这次训你的理由是:"我为什么带你去?我带你去就是让你在我有错的时候提醒我,改正我的错误,结果我发现你每次出去,根本没带脑袋出去。"

我们可以从这个例子中看出,在中国社会中,很难说对和错,有时是与非也难以明分。这里面所包含的特殊性需要每个人去认真体味。

我们的文化是一种阴阳文化,阴阳是变动的。西方人认为阴阳是两个事物,而中国人却认为阴阳是一个事物,这个事物有时候变阴,有时候变阳。所以，看一件事情既可以从这个角度看也可以从那个角度看。所谓对中有错、错中有对、对会变错、错会变对就是这个道理。

中国社会是相对的社会，西方社会则经常是绝对的社会。相对的社会带来相对的是非，就因为变化太多，所以一般人很难把握好分寸。

> **案例**
>
> 老板对厨师说："今天要来的这位客人难得一见，中午一定要做一顿丰盛的午餐。"于是厨师就购买许多食材，将午餐准备得很丰盛，客人来了吃得也很开心，但是客人一走老板就翻脸了："叫你做丰盛一点，你就真的做得这么丰盛，是谁出钱呀？你知不知道公司这样会被你弄垮的！"
>
> 过了几天老板又向厨师交代："这个客人很难得来，中午的饭菜做得丰盛一些。"这时厨师想起了前几天的事情，他想：我还会上当吗？我就准备四菜一汤，还是青菜豆腐汤。结果老板当着客人的面把厨师批评了一顿："你这样准备饭菜，我的面子放到哪里去？这位客人是我小学同班同学，公司再穷，我自己也出得起这份钱！"

如果第三次老板说："这个客人很难得来，你要把中午的饭菜做得丰盛一点儿。"如果你是这个厨师，你会怎么办？许多年轻人多半不太动脑子，他们的答案大多是这样：我就问老板好了，问问他这次是真的假的。真要这样，老板肯定会更生气："你这样问，好像我常常骗人家一样！"

有能力而不愿做

有能力而不愿意做的员工会说："我能做，但我就是不愿做。"很多员工都会这样说："大不了被你解雇，有什么了不起？"或者"算了，我不愿意做，我懒得做，这种公司我懒得表现；用不着我做，能混到什么时候就混到什么时候，混不好我就走人。"

这种人有很多，他们往往白天养精蓄锐，晚上回家做自己的事情，而且常常搞到三更半夜，奋发努力，表现良好，然后领两份薪水。其实他们比谁都聪明。

消除"三不"是组织人员发展的重点

如何消除不肯、不敢、不愿这"三不"，是组织人员发展的重点。

营造肯做、敢做和愿做的工作氛围

在中国社会中存在很多这样的事情：即员工听上司的话会挨批评，不听话也挨批评，如果直接询问意见则会被批评得更严厉。试想，在这种情况下工作，员工要能敢做、愿做才怪呢！

所以，作为上级，要为员工创造一种肯做、敢做、愿做的氛围。这样才能让每个员工心里舒畅、积极工作，你才是会领导的人。

你若是让每个人都服服帖帖，也不敢动脑筋，不爱动脑筋，什么都听你的，你就很倒霉了。

而把人力当做一种资源，就会造就许多只会服从不会创新的员工，他们只有静态的配合，而不会动态地开发自己的潜力。员工一旦什么都服从上级，公司就会很难发展，因为很多人都没有把自身的能量释放出来，他们有很大的能力却不敢表现。

你要让他敢做，是不能用话去鼓励的，因为鼓励没有用。"大家不用怕，什么多做多错、少做少错、不做不错，那是过去的观念，现在不要这样想，现在要改变，多做不错、少做少错、不做大错"，但你这样就是讲上一百遍都没人听，因为挨骂的是他又不是你。

要激发员工潜力，孔老夫子早就给我们提供了一个非常简单的方法：你的部属第一次做错，你绝不能批评他，一次做错就批评，他以后就不敢做了。孔老夫子把它叫作"不贰过"，就是你不能犯第二次，你犯第二次，我一定骂你，第一次只要是无心的过失，你就不能骂他，除非他存心贪污、存心犯法。

初犯不罚，无心的过失不罚，大家才敢做。

我们现在这种大家不敢做的氛围，还有一个更可怕的原因，就是你一做，你的顶头上司就打击你。因为他认为你存心不良：你拼命表现，就是想把我干掉！不然你为什么要这么能干？因此往往部属一表现，第一个出手打他的就是他的顶头上司。

你会发现老板一问问题，谁都不敢答。老板问："我们附近哪里可以喝咖啡？"你说我知道。老板说："你天天不上班，就去喝咖啡，难怪你知道！"于是你就倒霉了。老板说附近餐馆哪家比较好，你说我知道，他就想：你天天都在吃呢，根本不专心工作。反正无论你怎么讲，他都可以从反面来否定你，这岂不是很倒霉。

因此，要想营造员工敢做、愿做的氛围，第一要去改变的是我们的上级领导。

没有问题员工，只有员工问题

"没有问题员工，只有员工问题"是所有管理者都要树立的一个新观念。当你谈论问题员工有什么问题的时候，首先要问问自己："这些员工是从哪里来的？"其实，当初甄选这些员工的时候，正是因为他们没有问题你才会聘用他们，如果他们有问题就不可能进入你的公司。

常常是我们把员工带呆了，因此你不可能没有责任。一个员工本来很热心想做事，结果跟了你两年他就不想做事了，还养成一大堆坏习惯，这样的领导是有责任的。

所以，员工会有问题，但却没有问题员工。人是活的，人会变，人有情绪，有自尊心，员工之所以会有问题，是因为他们处在一个复杂的环境中。别人的工资比他高会令其不安，领导不给他任何安慰也会使他不安，但这些都是员工问题，而不是问题员工。因此一个管理者要学会检讨自己，而不要总说员工有问题。

要想真正培养、发展员工，领导一定要做到：员工要做的事情，你绝对不能做；并且要给员工提供独立做事的机会，否则他永远不会做。

还是以前面的例子为例，如果你带一个员工出去拜访客户，你就应该事先告诉他："你跟我去，你要注意听，我如果讲错话，你一定要提醒我，但是要不要改是我的事，你不能一下子说出来，你只能提醒我，因为你永远搞不清楚我是故意这样做，还是真的忘记了。你只带耳朵去，我有什么错误，你就写在一张纸上给我看。"这样做可以避免许多矛盾。

事先设想各种可能发生的情况，与部属做出沙盘推演，教导部属做出合理的应对方式，这是主管应尽的责任。领导绝对不能够事先毫无教导，让部属自己去碰，看到部属反应不当，又去指责他。

部属拿出预先准备的字条，把正确的内容写在上面，然后偷偷地交给上司。拿到部属的纸条，上司当然也会偷偷地看一下，很快就放进他的口袋中。如果上司根本不提起，也就是没有要更改的必要，就表示上司是故意说错的，部属也就可以放心地不再提起，这样大家都十分愉快。若是上司发现他所说的内容并不正确，他也会在适当的时间以适当的方式提出更正。部属从此不要再提起这件事，彼此也都很有面子，大家同样会十分愉快。

每个人不仅要自留余地，也要替他人留下余地，这是组织人员发展的最好方法。这样大家可进可退，随时都可以进行不同的调整。因为人是活的，不是棋子，不可随意摆布，但是制度是死的，所以从事人员发展的人一定要注意，只让人去配合制度是不行的，制度一定要有弹性，一定要有例外。

有的公司老板问我，人才在哪里？我告诉他人才就在你的公司里面，因此你不要到外面去找。然而大部分公司老板都有一个毛病，就是提着灯笼去外面到处找人才，他不知道人才就在自己的公司里，这是一件十分遗憾的事情。

中国人从来都是只相信外来的和尚会念经，而不相信隔壁的和尚。中国人最妙的就是烧香拜佛一定要跑好远去找那个庙，而不相信自己旁边的庙。我们只相信远处的庙，这是很让人奇怪的一个问题。

中国有四个字，叫作"近庙欺神"。这个庙就在你旁边，那个神你会欺负他，那还算什么神？但你跑好远去拜的神，跟你家旁边庙里的神又有什么不一样的呢？

像这些微妙的心理，你什么时候完全掌握了，你就知道怎样跟中国人沟通了。同样一句话，员工讲出来，你不会采纳；花钱请顾问，你就相信他。其实最了解公司实际状况的，是员工，而不是顾问。

我当了几十年顾问，每次我一跟老板讲，你这个公司我才来两次，但是我知道很多东西，这都是员工告诉我的，他就会很生气：那他们为什么不告诉我？我说他们为什么要告诉你？他看到你就不敢说、不能说，也不愿说，这是事实。

所以一个人要检讨自己，不要老说员工有问题。"问题员工"这种说法是不对的。

不肯做、不敢做、不愿做的比例，远远超过不能做。

这里有一个很残酷的事实，也是我们中国人很大的毛病，就是：上面的人把下面的事情全部抢光，抢得底下人没有事干，反而骂底下人不做事。

有太多员工都曾跟我反映过这样的事情，他说本来我会做的，但我老板跟我抢事做，那我做什么？然后老板又回头骂我不做。其实员工只是不好意思讲："你让我做，我一定做得比你好，可是你偏偏拿去做，我有什么办法？"

我希望我们的领导能够改变自己：你做你自己的事情，不要老去干预下属，老去抢他的事情。

我们经常发现，老板不在的时候，员工都很勤奋，都很愉快；老板一来，所有的人都变了，然后大家就变得很呆板，都很不愉快了。这样的老板算什么老板？

所以我常常跟老板讲，一个好老板就是：我在或不在，员工表现都一样。

本章要点

人员潜力无限却不愿意发展，是组织的最大损失。为了避免出现这种情况，我们建议把人力资源管理改成组织人员发展，建立人员发展部。它所负责的对象是全体员工，从总经理到基层员工，大家站在平等的、同步的、彼此尊重的水平线上共同谋求发展。

没有一个中国人会承认自己没有能力，对中国人来说，"不为"远远多于"不能"。"不为"包括不肯做、不敢做和不愿做。

如何消除不肯、不敢、不愿这"三不"，是人员发展的重点。

第十五章
沟通、领导、激励并重

第三篇　组织人员发展优于人力资源管理

管理的软件具有民族性

全世界在管理硬件上都一样，但是在管理的软件——沟通、领导、激励上却都具有民族性。我们可以说，各个国家都有自己的特色。

我们讲中国式管理，其实大部分都是在讲沟通、领导与激励，而很少去讲什么生产管理、物料管理、品质管理等，因为那些都是一样的。所以你可能会觉得好像我们都不是讲如何管物的。这是因为中国式管理是偏重做人这方面，至于管物则是全世界都一样的。

在美国公司里，我们经常可以听到上司告诉他的部属"赶快回去工作"这句话，美国人一般也都能接受这种直接的沟通方式。但是，这种沟通方式却不适用于中国人。作为一个中国人，你要是跟你的部属讲"赶快回去工作"，他会回去，但是他就是不工作。

中国人跟美国人相反，绝对不会有话直说。美国人一听不对，马上会说"我不赞同你的意见"。中国人即使不同意你的意见，也往往会在口头上说"很好很好"，其实心里一点也不喜欢。这个特点令许多美国人迷惑不解。由此可见，中国人是多么善变和复杂。

中国和外国的领导也非常不一样。中国人很不喜欢高高在上，这和西方人有着非常大的不同。在西方的管理构架图中，首席执行官站在最高的位置上，而中国则不然，因为中国人知道站在那里最倒霉，迟早会被干掉——一个人站在高处，就会成为所有人的目标。

就激励而言，美国人拿到2000美元的奖金，他就很高兴，很容易满足，为什么？这是奖励。中国人则很妙，他刚拿到2000元时，会很高兴，但他下一个动作就是问别人："你有没有奖金？"你有他就发火："怎么你也有这笔奖金"？他就觉得不公平。中国人如果我有、你有、他有，他就觉得根本不公平。只有我有大家都没有，这才公平。

中国人实施的传统奖励经常没有效果，也就是说得到奖励的人不感谢你，没有得到的人却愤愤不平。

西方人你给他奖励，他就高兴，没有其他的反应，至于以后有没有他不会计较的。中国人你这次给他奖励，他就等下一次，因为他跟你讲，他已经将奖金列入他的正常收支里了。

西方的激励是有制度的，中国人对凡是按照规定应该得到的激励完全不会心存感谢。所以中国人一定要给主管留一些可以自己裁决的权力——即我当主管，我可以给你，也可以不给你，我给你的时候，你就会感谢我。如果一切都照规定去办，他就不会感谢你。

中国人若是遵循西方的制度化，就永远没法解决事情——只有按照我们自己的一套，才有办法解决。我们的员工为什么士气越来越低落？就是因为每次奖励都没有起到应有的效果。

这个人有贡献，送他一套杯子，他很高兴；下次表现良好，又送他一套杯子，他就勉强；第三次又送他一套杯子，他一想我又不开杯子店，每次都送杯子，就这么回事了。由此看来，第一次他很高兴，第二次他没有反应，第三次他就很烦了。

因此，对于中国人来说，任何事情都可以制度化，只有激励最好不要制度化。我们的领导、沟通、激励，目的都是为了要开发下属的潜力，如图 21 所示。

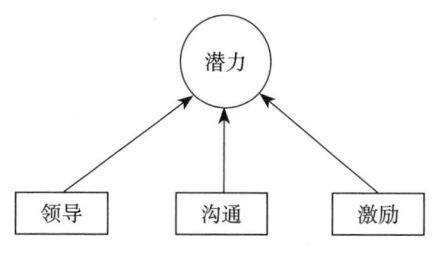

图 21　管理的三大软件

你若是用了一个很能干的人，他是不会轻易服你的。

你看刘备请诸葛亮出山以后，第一个不服诸葛亮的是张飞。张飞心里想：我服你什么，我跟刘备是结拜兄弟，你算老几？关公也是一样：你有能力有什么用？你管得了谁？面对这种情况就要靠诸葛亮自己去想办法了。后来他们两个都很服他，那是经过一段时间的领导、沟通、激励的，否则的话，你一露面就想要让人服，是没有那么容易的。

重视沟通技巧

重视沟通技巧，可以通彼此的情，激发潜在能力。

重视沟通技巧，可以通过沟通激发员工的潜在能力。那种能力一旦激发出来，一个人可以胜过十个人，甚至可以胜过一百个人。

我们为了解决问题，或者处理事务，需要互相交换资料、信息、情报，谋求知己知彼，寻求观念整合，作为协同一致、产生共同行动的基础，这就需要沟通。

在管理的过程中，沟通是非常必要的。无论是从事计划、组织、领导、监督、协调以及决策，都需要进行有效的沟通。但是，我们要特别提醒大家，中国人很好商量，却很难沟通。身份地位、语言文字、地域不同，还有心理上的距离，都可能产生沟通的障碍。

中国人在沟通上最好把握"先说先死"的规律，尽量避免先说，但是"不说也死"，一味不说话照样无法沟通，所以要想办法"说到不死"。只有掌握说到不死的沟通技巧，才能达到一个圆满、安全而有效的结果。

简单的动作达到与人沟通的目的

最好的沟通是不讲话。你看两个情人之间还用讲话吗？你看我看你就明白对方的意思了。所以我们今天的沟通好像都要靠嘴巴，其实嘴巴是最没有用的。

善于沟通的人，经常会用一些非常简单的动作来达到与人沟通的目的，比如拍拍下属的肩膀就表示了对下属极大的激励。这种简单的方式，往往比花很多钱买很多礼物要有效得多。

沟通要重视技巧，这套技巧在我们中国就叫作"通彼此之情"，而不是讲道理。

先通情，后达理

中国是世界上最讲道理的国家，但是与中国人讲道理却也是最难的。因为"讲"这种方式很难被人接受，它会让对方觉得不受尊重，从而也就无法达到沟通的效果。

潜在的能力要靠通情才会达理，说理是说不通的。你讲得越有道理，听的人就越没有面子。

我们的老板往往是：你讲对了，他也骂你；你讲错了，他也骂你。我就问他们："你的干部说错话你骂他，这个我能理解，可是他讲对了你还骂他，这是什么意思？"他说："他讲得越对我越没有面子，我不骂他还得了。"

所以，当一个中国人觉得自己做得很对时，聪明的他就会选择婉转地向上司表达，而不是直接说。这比较符合中国人的习惯。俗话说，得理还要饶人，凡是得理不饶人的，最后必然会因招来妒忌而没有好的下场。

中国人是你越对，人家越没有面子，事情就越不圆满。所以，在中国能力很强的人，以及做事做得很好的人，人缘是不会好的。

"通"不是直接通理，而是要先通情，而后达理。西方人是你讲道理我也讲道理，我们直接就理谈理。中国人则是要由情才可以入理，没有这个情就无法谈得通。很多人就是因为缺乏这个情，单刀直入就讲理，最后才没有好结果。单刀直入会让对方无法接受，而只要对方不接受，你的目的也就无法达到。

领导要了解人性

了解人性的领导，能使大家自动自发，不斤斤计较。

领导的意义，就是在集体活动当中激发自愿式的努力，以达成既定的目标。这里面包括集体、自愿和目标三个要项，缺一不可。但是领导要激发成员的自愿，必须发挥自身无形的影响力，而不能够依靠权威式的强制命令。因为人性是不愿意接受强制命令的，大家所追求的是自觉、自律和自主。唯有这样，才是了解人性的领导。

负责之道

中国人真的比较复杂,他们大方的时候非常大方,小气的时候也非常小气,计较的时候比谁都计较,不计较的时候又一点都不在乎。因此,千万不要把中国人看成是死板而一成不变的。

中国人虽然如此善变,但是一旦他们的意愿是发自内心的时候,就会一点都不计较,而当他们感觉被迫的时候,就变得斤斤计较。这是一个很重要的规律。

所以,一个善于领导的人会把中国人带到很自发的境地,同时自己也会很轻松。当你不管他们的时候,就是他们会自觉行动的时候。这种时候只要你一管他,他就会马上变得被动起来。

如果你想让一个人请客,你对他说:"晚上你请客好不好?"对方一定要问你:"为什么要我请?"可是,当这个人自己要请你吃饭的时候,你想跑也跑不掉。如果你说没有时间,他会请你随时找一个时间,反正你不能一年到头都没有时间。如果几个人一起去吃饭,快吃完时,一定会有人主动站起来去付款。

这时其他人如果说"不要不要,我们去付",这个人一定会坚持去付款;但是,如果有人说"今天该你付款",这个人一定不会去付款。

长期以来很多人都说中国人很被动,其实不然。中国人很喜欢主动,只有不会领导的人才会把所有的人都领导成被动,而且使自己非常辛苦;会领导的人不仅能让大家都变得自动自发,而且自己也会因为无为而轻松愉快。

合理的不公平是有效的激励方式

有效的激励方式，是在合理的不公平中不怨天尤人。

激励的意思是，采取有计划的措施，对员工给予某些刺激，引起某些心理反应，做出预期的行为，以达成组织所要达成的目标。有刺激，有反应，还应该有目标。

人生总会有一些欲望，而且在一个欲望达成之后又会产生另外的欲望，似乎永远都不会完全满足。激励的基础其实就是人类的欲望，而激励也就是想办法给予这些欲望合适的刺激，以引发有利于目标的行为。

一说起激励大家就会想起公平，好像公平才是正确的激励。其实，这是不可能的事情。因为管理者所面对的是有限的资源、不足的机会，在这样的基础上根本不可能做到公平。一味盲目地去追求公平必然会引起更多不公平的抱怨。

我们建议各位，先想一想不合理的公平和合理的不公平究竟有什么差别，然后再在这两种情况之中选择一种。相信大家所选择的，并不是不合理的公平，反而是合理的不公平。

有效的激励方式其实就是合理的不公平，大家在合理的不公平的氛围中，不会怨天也不会尤人。其实，我们追求的不是公平，而是不公平。追求公平是不符合我国国情的，而我们追求的这种不公平则是一种合理的不公平。

所谓合理的不公平就是我们所讲的伦理，伦理就是合理的不公平。

以称谓为例，在美国，儿子可以直接叫爸爸的名字，因为他们是平等的；而在中国，如果儿子直呼其父的名字，准会遭到责备。这就是中国人的伦理规范。

负责之道

由上面的例子我们可以看出,中国人的管理在软件方面跟西方人有很大不同,因此我们在具体行事中要特别小心。

领导、沟通、激励是为了开发潜力

管理的三大软件领导、沟通、激励是为了开发潜力服务的。

但是中国人却很少去激发别人,相反都把别人的潜力冰冻起来。

我曾经讲过,中国的老板有一套天下无敌的绝招,叫作"急冻法",可以把一个很能干的人马上冰冻起来,叫你一事无成,然后骂你是废物。

西方人没有下面这种能耐,中国人则一定有:该你做的事情,偏偏不让你做;你要表现就把你调开,你做得越好,越是要将你打入冷宫。

然而你也不能完全怪他。不过,一个会反省自己的人会成功,一个总是怪别人的人则永远没有成功的一天。

人都有潜力,但是有的人一辈子都激发不出来,有的人却一下子就激发出来了。如果发现一个人跟了领导十年仍一事无成,只能说他很笨,可是他换了一个领导以后马上表现很好,这是怎么回事?就是因为一个领导会带人,一个领导不会带人;一个愿意带人,一个不愿意带人;一个想办法把人的潜力激发出来,一个想办法把人的潜力压死在那里。原因就这么简单,而这则都是人的问题。

📖 本章要点

管理的硬件全世界都一样,但管理的软件——沟通、领导、激励却具有民族性，各个国家都有自己的特色。

中国人重视沟通技巧，认为沟通可以通彼此之情，激发潜在能力。那种能量一旦激发起来，一个人可以胜过十个人，甚至可以胜过一百个人。对中国人来说，了解人性的领导能使大家自觉自愿，不斤斤计较；另外，他们往往认为有效的激励方式存在于合理的不公平中。

第十六章
人员发展三大主轴

人员发展的八大项目

以人为本的管理者不会把人物化，而是知道把人"人化"，也就是把人当作人来看待。在这一大前提下，谈人事管理已经相当不敬，说人力资源就更加不妥当。实际上，公司只有员工的问题，而不应该说什么问题员工。

人的需要，主要还是在于求生存。基于求生存的实际需要，员工所愿意接受的是**成长、充实和安全**。因此我们生活在职场上，也就必须充分考虑这三大主轴，并将其作为人员发展的重点。

这三大主轴展开来看，可以用八个字来涵盖——进、退、奖、惩、教、养、老、死。这八个字涵盖了人员发展的所有内容。

进、退

甄选、试用、派任都是"进"，而下岗就是"退"。总之，人员的升迁、调任，不是进就是退，领导要用进退来激发员工的能力。

奖、惩

奖惩包含奖励和惩戒。奖惩是一把双刃剑，既可以披荆斩棘，也可以伤害人，因此一定要慎用。很多人认为奖惩很容易，其实奖惩是最难的。奖励错误会造成很大的问题，惩戒错误又会制造很多的冤枉。

教、养

教养也是人员发展必需的内容。企业要为员工提供培训的机会，让他们有时间学习、补充新的养料，这样才能使其长久地富有创造力，否则企业就会出现人才断层的现象。

我们经常会发现，那些刚进来时显得很能干的人，过一阵子就变成了废物。这是为什么？没别的，就是他太忙了，没有时间去学习——所以那个表现很好的人往往也死得最快——别人没有事干都会去听课，听完课就长进了；他忙得要死，没有时间去听课，最后就被淘汰掉了。道理就这么简单。

老、死

人都会老，也都会死，所以"老、死"强调的是企业要照顾那些已经年老的员工和体恤去世的员工家属。当员工退休后，应该发给他们退休金；当他们离开人世时，也要体现出公司对他们的人文关怀。

总之，这四大内容包含了进、退、奖、惩、教、养、老、死八个项目。只有使这八个项目得到合理安排，才能使企业人员获得真正的发展。

八大项目要兼顾并重

对进、退、奖、惩、教、养、老、死这八大项目必须全面兼顾并重。

做好人员发展的进退工作

从事人员发展工作的人往往会觉得工作很困难，因为这项工作很容易引起他人的抱怨。

做好人员甄选工作。就甄选人员来说，很多管理者都发现，自己当初觉得满意的人在实际工作中却屡屡出现问题，这点非常令他们头疼。其实，这与这些管理者当初采取的甄选方式密切相关。用问卷调查或者简单的口试往往看不出真正的问题，并且很容易让应选者用题库答案猜对问题，而且也容易因个人偏好而做出错误判断。

你可以通知应选者某月某日来参加测试，之前故意将测试现场安排得非常混乱，然后静观其变。如果应选者只会抱怨，这样的人应该放弃掉；如果只是坐等他人来收拾环境，这种人也可以直接放弃；那些直接动手、主动改善环境的人在很大程度上会是你所需要的人。

上面所举的只是一种甄选方法，实际上，甄选一定要把握出其不意的原则，要让对方无从防备，迫使其流露出本性，这样比较容易找到合适的人选。

做好人员的辞退工作。如果一位领导想辞退一名员工，他不会直截了当地下命令叫他走，因为这样做就意味着你把他当物品处理了。

对中国人来说，辞退一个人是一门高深的艺术。因为一辞退就成仇，他出去后就会到处去破坏你公司的声誉。干部对员工的印象很坏，想把他辞退掉，是不会直截了当地下命令叫他走的，因为他会就此把你当成仇恨对象，而且你在亮处，他在暗处，他随时都可以报复你。

高明的领导会找一位干部进行一次交谈，他会问："你觉得某某员工怎么样？"因为不了解虚实，这名干部一定会回答："他还不错。"领导接下来会板着脸说："这种人你也觉得还好？"随即便列举出他的众多问题。这名干部此时会说："我还以为你不知道呢，你既然知道他不好，为什么不叫他走呢？"这时领导会告诉这名干部其中的缘由，并且暗示要这名干部代办辞退问题员工的事情。

当然，领导一定要将道理分析清楚，充分显示出公平和公正，同时也要表明自己的无奈。这样就很容易达到目的，否则只会引发新的问题。

做好人员发展的奖惩工作

奖惩是难度较高的一项工作。我们经常会听到一个公司的干部这样抱怨："我们公司每次都是董事长亲自颁奖，而且董事长的眼睛每次都只看着照相机，从来就不看我们。"所以，在这些公司，每回颁奖都只是走个过场，而且其他领导每次也都只是坐在台下做陪衬，久而久之参加的人就会越来越少。由此可见，颁奖是一件很复杂的工作，需要考虑多方面因素才能做好。

处罚员工也要注意，一定要在私底下去进行处罚，尽量不要公开处罚。其实，无论是公开还是私下处罚，都是尽人皆知的事情，只是不同的处罚方式会带来不同的结果。

做好人员发展的教养工作

主管最大的责任就是要教导部属。员工把最宝贵的青春交给公司，如果主管把员工完全当做自己工作的目标，那他必然得不到人心。优秀的主管不但要帮助员工成长，还要关注员工方方面面的问题。

最好的主管不但要看员工成长，而且要注意他的婚姻问题。一个很好的职员，你让他成家立业安定下来，他就会长期为你奋斗；你不照顾他，他整天飘忽不定，最后他说不定就会跑掉了。

所谓养就是要照顾员工的生活，而不只是发薪水而已。要去看看他住的地方怎么样，跟家人处得好不好。所以，主管对员工尤其是对一些特殊的员工都要进行家庭访问，不能只管其上班的部分，而不管其下班的内容。对西方人来说，下班后的事情主管可以不管，但对中国人来说就需要全面照顾。

关注员工的老死问题

人都会老，也都会死，照顾那些老员工，体恤过世的员工，其实就是安公司目前员工的心。人文关怀已去世的员工家属能够感动你的员工，能够向员工传递企业的关心。

日本的松下幸之助把中国人的这套方法发挥得非常好，他建了一个墓园，所有去世的员工都埋在那里面。每年一到日本的清明节，松下作为公司大老板都会亲自带领大家去扫墓。他站在那里一句话都不说，但却是一脸很难过的样子，而这也就足够让所有员工为之感动了。

这样的行为其实很简单，但是它的作用却很大：它能让员工对企业产生信赖感，能凝聚员工的力量，让还在工作的人愿意主动而努力地为企业贡献自己的力量。

总而言之，进、退、奖、惩、教、养、老、死这八大项目，要全面兼顾并重。只要有一个做不好，人员发展就不到位，员工的潜力就发挥不出来。

建立"和而不同"的和谐共识

和而不同

企业应该建立"和而不同"的和谐共识,在安定中不断求进步。这种和谐建立在和而不同的基础上,而中国人向来都是和而不同。中国人点头不一定表示同意,"我虽然不同意你的意见,但是我会同情你的立场,我会勉强自己来配合你、迁就你",这是中国人非常难能可贵的一种观念。这种观念简而言之就是成全,外国人绝对没有这种观念。

和而不同就是我们不要求大家都有一样的想法,如果大家都一样,很有可能是一种专制的体现。对领导来说,如果你的任何意见所有的部属都赞成,你就要小心一点了。这要么是因为你太专制致使人人都害怕,所以大家没有不同的意见;要么就是大家在逃避问题。只有大家都有不同的意见,可是又不会因此爆发出战争,这才叫和气。我们只有在这种安定中才能不断地求进步。

在安定中求进步

中国人所说的在安定中求进步,其实就是在进步中求安定。当中国人说"要"的时候,其实"不要"也包括在里面;当中国人表示赞成的时候,反对也包括在里面。这就是所谓的无可无不可。当然,说中国人这样的时候,就包括中国人不会这样,因为中国人太多了。凡事我们都只能求一个平均,而不能涵盖每一个人。

我们所讲的是每一个人,而不是任何人——既不是你也不是他,因为你和他都不能代表所有的中国人,这就是为什么中国人不讲爱人的原因所在。爱人都是嘴上讲得好听，爱所有的人就等于不爱任何人。所以，中国人要自爱，否则你就没有资格去爱人。因为不喜欢被人管，意见又一大堆，讲话还不负责任，所以中国人要发展好人缘，只能人人自爱。

满足自主心的唯一道路就是自律，就是把自己管好，而达到自律唯一的办法就是自爱，所以中国人要从自爱到自律然后完成自主。

塑造良好的企业文化

什么叫作企业文化？"文"就是纹，代表各种花样；"化"表示融入和内化。企业都会有自己的一套花样，对此如果成员都能够认同、接受并且内化成为习惯，那就是企业文化。

企业要塑造良好的企业文化，促使成员产生坚强的、协同一致的力量。

制度不是企业文化，产品也不是企业文化，凡是看得见的都不是企业文化。能够感觉到但是说不清楚，然而却又能令员工产生坚强的力量，就叫协同一致力。

同心协力、一致对外就是组织的力量。现在很多企业存在的问题是：我们有组织，但却没有组织力。其实没有组织力完全是领导的问题，因为中国人绝对可以团结，绝对可以一致对外，绝对可以和而不同，也绝对可以成全。

在一个单位中，人人都可以说："我的功劳统统让给你，但这不是盲目的，不是没有条件的。"这就是为什么我们领到奖金要请客的道理所在。外国人领到奖金可以独自享用，而中国人不领奖金没有事情，一旦领到奖金就会发现所有人的眼睛都看着你，你是无法独吞的。领

奖金请客对中国人而言是件很自然的事情。

一定要记住，个人的成功是大家成全的，所以当你成功的时候你就要与大家分享。不懂得分享的中国人将会变成一个孤家寡人。我们有很多美德都是西方人很难了解的，比如成全、分享、协同一致。西方人将这些都归为没有人权、专制，其实这是因为他们不懂中国文化。实际上，中国人是最民主的，但是如果硬要拿西方的标准来衡量中国人，自然就会出现问题了。

中国人有自己独有的一把尺子，而这把尺子则是西方人直到今天仍未摸索出来的。比如合理的不公平，西方人怎么也听不懂，而中国人一听就懂。西方人对别人是先从相信开始的：我相信你，除非你没有信用。中国人对别人则是从不相信开始——我不相信你，除非你让我相信。二者的出发点完全不一样。

企业应该建立"和而不同"的和谐共识，在安定中不断求进步。和而不同就是我们不要求大家都有一样的想法，如果大家都一样，很有可能就成了一种专制的体现。求同存异，做到无可无不可，在安定中求进步，由此塑造出一个良好的企业文化，促使成员产生坚强的、协同一致的力量。

制度不是企业文化，产品也不是企业文化，凡是看得见的都不是企业文化。能够感觉到但是说不清楚，然而却又能令员工变成坚强的力量，就叫协同一致力，就是良好的企业文化。

本章要点

整个的人员发展进程用以下八个字就可以涵盖——进、退、奖、惩、教、养、老、死。这八个字涵盖了人员发展的所有内容。

进、退、奖、惩、教、养、老、死这八大项目必须全面兼顾并重；企业应该建立和而不同的和谐共识，在安定中不断求进步。我们的和谐是建立在和而不同的基础之上的，中国人向来都是和而不同；我们要塑造良好的企业文化，促使成员产生坚强的、协同一致的力量。

第十七章
做好阶段性的调整

重视阶段性调整

组织的发展在每个阶段都有其不同的重点，因而必须做好阶段性的调整，组织才能够持续发展，并生生不息。实际上西方人所说的组织改造，便是阶段性的调整，不过名称不一样而已。改造，要改造谁呀？一定是前任做得不够好，才需要改造；或者现任不理想，才需要改造。这是一个多么伤感情的用语，最好避免这样说。

有人将这一调整过程称为组织变革，这和改造差不多，也不中听，因为组织和人员需要一起做阶段性的调整。其实既不是人不好，也不是做得不好，而是内外环境都在改变，组织和人员不得不跟着做一些调整，如此而已。

人员发展要遵循民族性

组织人员发展的策略必须重视阶段性调整。每个民族都有自己的民族性，这是无法改变的，也是无可厚非的。许多中国人都认为国外的许多东西比中国的好，其实不然。比较中肯的说法应该是各具特色，正所谓一种文化培养一种人，并没有什么优劣高下之分。

比如，许多西方人喜欢看歌剧，他们在看歌剧时喜欢安安静静地、精神专注地看；中国人喜欢看戏剧，喜欢和许多朋友一起，谈谈笑笑，边联络感情边看戏。外国人之所以安静，是因为他们看重的是歌剧本身；中国人之所以那么热闹，是因为他们所看重的是交朋友——对他们来说，戏剧只是一种用来促成彼此之间感情交流的工具或媒介。

所以，人员的发展一定要按照中国的民族性，使其向正确的、有利的方向去发展，而不是让其变成其他国家的民族性。人无完人，民族也没有尽善尽美的。所以从事人员发展的人首先不要把人当做纯理性的生物看待，因为任何人都有情绪，任何人都有自己的喜好，而是一定要尊重他，以便为进行阶段性调整做好准备。

掌握阶段性调整的方法

第一，组织要进行阶段性调整。

世间任何事都是曲线发展，正所谓起起伏伏、盛极必衰。对公司来说也是一样，公司在发展到一定的高度时必然会遭遇到很大的困难，业绩就会开始下降，人员士气低落。这时如果公司无法重新获得发展，它就可能倒闭；而要想避免倒闭，就要努力运用策略，想办法东山再起。阶段性调整一旦成功，公司就可以持续发展；如果调整失败了，公司就要面临倒闭的危险，所以公司一定要做好阶段性的调整，即要从管人慢慢提升到理人，再慢慢提升到安人。其实这也就是我们今天常常讲的与时俱进，即随着时间的演变，不断地有一些进展，循序渐进，而不是跳跃式发展。

第二，人员管理要进行阶段性调整。

对于公司的新来人员，一定要加强管理。许多公司之所以新来人员流动很大，就是因为他们让新来人员自生自灭，没有对其负起责任。

明知道新来人员对环境很陌生,还要马上让他们上岗工作,结果很容易导致他们犯错,从而严重地挫伤了他们的自信心;另外,还有许多新人则是被老员工吓走的,而老员工之所以这样做,则是因为他们想通过这种方式来显示自身的重要作用。

企业一定要有新人加入,同时也要留住老员工,这才是公司在人员管理上正确的发展策略。对一个公司来说,完全没有人员流动是有问题的。建议公司对新来人员不要马上为其分配工作,而是要进行职前训练。

因此我们在进行组织人员发展时,一定要重视阶段性的调整。比如,有新人进来的时候,是一个阶段;当新人变成老员工的时候,又是一个阶段;老员工慢慢升职以后,就会有惰性,这种时候还要进行阶段性的调整。总之,对于不同阶段不同的人,要用不同的方法去推动其发展。

做好调整前后的心理建设

调整前后的心理建设是调整成功与否的关键。下面是一个案例,通过这个案例我们可以看出,调整前后的心理建设是何等重要。

某家工厂的老板最近非常烦恼,因为他厂里人员的流动性很大。这家工厂是劳动密集型工厂,每个新员工一到厂,就立即开始进行大负荷量的工作,很多人都因难以忍受而很快就放弃了这份工作。

老板为此请教了咨询顾问,这位老板按照顾问传授的方法去做,果然收到了很好的效果。

> 咨询顾问提供的方法其实很简单,即提前把工厂的老员工分组,让老员工去照顾新员工。当新员工中午休息的时候,老员工就过去跟他说:"把手伸出来,我看看你手上有没有泡。"对方一定会回答:"有啊。"老员工接着说:"你真有办法,才磨出三个泡。我刚到工厂时第一天磨出五个泡,第二天十个泡,但是第三天就好了。"
>
> 这样等到新员工回家面临家人的询问时,他就会说:"人家磨出的泡比我还多呢!这种工作怎么不能做?今天起五个,明天起十个,后天就没有了。"于是,他就会安心留下来。

由此可见,只要老板、领导能够针对实际状况对员工进行心理抚慰,帮助员工了解他未来的发展情况,就能使其留下。在日常生活或工作中,对于很多事情都要事先防范,否则事到临头就会无计可施。

所以,不管是管还是理,其实都是心理作用在作祟。中国人对心理作用非常"感冒",员工手上磨出了一个小小的泡,他自己会觉得很严重,但是一旦有人对此表示了关心,他马上就会表现得很无所谓。心理作用之大,由此可见一斑。

所以,要想开发中国人的潜力,一定要从心理建设上着手。抓人一定要先抓心,抓不住他的心,什么策略都没有用。

人人都发展,企业才能生生不息

重视员工发展

人人都发展,企业的人才才不致断层,企业才能生生不息。

培训是使一个人不断发展的唯一道路。从世界看，公司的平均寿命是七年，每天有公司成立，每天有公司倒闭。现在经营公司比以前困难得多，因为市场瞬息万变，新材料不断地出现，新产品随时会把原有产品取代。为了企业的生生不息，我们必须努力激发员工的潜能，否则企业就会进入瓶颈期。

人是企业的生命

公司在困难时期能够依靠的不是机器而是人。人是公司的灵魂，而不是资源，资金、机器、技术、能耗是资源，只有人不是资源，人是使用这些资源的主体。

人是一个公司兴衰成败的关键。每一个人不管处在哪一个岗位，都会向上、向下、向左、向右产生影响。人不在于职位的高低，不在于从事什么行业，而在于讲话有没有人听，在于大家是否都愿意和你在一起，和你互动。

人是企业的生命，一定要给予相当的重视，不能把他当作工具。人员发展的关键在于把员工当做人员并使其发展。如果把员工当作人力资源，员工就会失去工作的主动性。

为了钱把命拼掉，这是天底下最不值得的事。所以，与时俱进就是从管人，慢慢地放松到理人，最后这一切都不是我的事了，你们自己自爱。只有这种老板才能长命百岁，同时还能带动所有人员发展。一个人的真正成功是带出了若干个人才，而不是赚了多少钱，因为钱是没有定数的，而人才则会不停地服务于社会。

员工要合理流动

一个公司完全没有人员流动，问题是很严重的；人员流动太大，也很严重。但最可怕的是，能力很强的人都走了，最后留下的是没有能力的人。有能力的人可以找到更好的出路，无能力的人别无办法，所以只能留下来混，而且往往还混得很好。

所以大家千万不要认为公司的人员很安定就好，因为这种情况也极有可能是好人走了，坏人留下来了，大家过得很愉快。这种事情的后果是很严重的。

但这并不是说人走的问题本身，而是说你要对现实情况加以分析：到底是好人走了，还是坏人走了。

避免新员工自生自灭

有许多公司犯了一个错误：让新来人员自生自灭，这样说不定第三天他就不来了。但也有许多时候，新进的员工流动性特别大，这并不代表他能力不行，也不是他不适应环境，而是被工龄较长的老员工吓走的。

老员工最大的成就感就是把新人吓走。他们往往在新员工来报到时就告诉他："我们都想走了，你还进来干吗？""我们老板用人太狠了，常常让你加班，而且从不说奖金的事。"……第二天新员工就走了。老员工为什么要吓走新人？原因太简单了：只要新人流动性大，老板就会重用、珍惜老员工，就会给他加薪。所以老员工想加薪，只要把所有新人都吓走就可以了。如果新人一进来就很愉快，老员工就没有价值了，老板就会想办法把老员工搞走了。

因此，对于刚来的新员工，我建议公司不要马上让他工作，也不要让他自生自灭。这时马上让他工作，他一定做不好，而且还会受到老员工的排挤，小报告也会打到老板那里去；如果让新人自生自灭，老员工就会对他施加心理压力，灌输不利的影响，最终他也只能一走了之。

正确的办法是，对新员工安排职前训练。你不安排其参加训练，你就等于是在逼他走。

本章要点

组织人员的发展必须重视阶段性调整。每个民族都有自己的民族性，这是无法改变的，也是无可厚非的。人员的发展一定要按照中国的民族性，使其向正确的、有利的方向去发展，而不是使其变成其他国家的民族性。调整前后的心理建设，是调整成功与否的关键。只有人人都发展自身潜力，企业的人才才不致断层，企业才能真正生生不息。

本篇总结

从前，我们把人事方面的一些管理统称为人事管理。虽然我们都知道，所有的主管实际上都是人事主管，不管在哪一个部门，都必须从事人事管理，但是我们仍然习惯于设置一个人事部门，专门负责人事管理方面的业务，配合各阶层主管的需要，做好有关招募与安置、计酬与激励、评核与培训，以及人事管理方面的法令规章制定等。

我们原先的构想是大家都在做人事管理的工作，人事管理部门不过是协助大家，提供一些基本资料和共同办法，并且承办一些业务。可是，行之日久，人事管理部门却逐渐掌握了人事大权，弄得连主管都要接受他们的管理，最终则出现人事管理部门凌驾于其他部门之上这一不正常现象。

再说，管理的对象一般是物。对人最好不要使用"管理"这样的字眼。同时也是为了避免产生对人事管理部门的误解，这才是我们建议改用人员发展来代替人事管理的道理。

随着信息的发展，外来思维无孔不入，人力资源管理的概念也迅速由西方传来。而我们又居然不求变通，不问缘由，便大量引用。

事实上，一个企业的成败关键在于人，而人的关键则在于其所拥有的价值观念。尤其是企业领导者的价值观念，势必影响下属对环境的认知，对问题的看法，对解决问题的态度，对做决策的方式，对他人或团体的关系，对纪律和伦理的反应，以及对目标的达成——也就是影响到整体的企业文化。

管理的主轴，或以事为本或以人为本——如果以人为本，就不应该视人犹物，而是应该视人为人，把人当人来看待。

至于你的公司的管人部门愿意称为人力资源管理，或者叫作组织人员发展，当然悉听尊便。但是孔子说过，名正而后言顺，一旦名称确定下来，后面一连串的事情都会跟着改变的。

结束语

时势造英雄，好像是天定胜人；英雄造时势，似乎是人定胜天。西方人习惯于二分法的思维，偏向于英雄造时势，强调人定可以胜天，因此西方式管理采取英雄式的领导，这在个人主义的社会中，颇能被大家接受。相比之下，中国人就比较聪明，我们明白随机应变的道理：时势有利的时候，放手让时势来造英雄，享受如有神助的力量，就能天定胜人，又何乐而不为？若是时势不利于我，那时候再来英雄造时势，以人定胜天来突破困难、开创新局，也是无可奈何中的大乐事。我们既能够乐中取乐，也能够苦中作乐，所以随遇而安也就成就了我们的快乐人生。

在20世纪的历史进程中，现代化管理表现出显著的成效。我们趁着潮势赶搭这一班列车，谋求经济发展，这既是大势所趋，更是理所当然。因此对于采取现代化管理这一方式，根本没有人反对。

问题是现代化管理的原产地是美国，里面含有十分浓厚的美国文化，能让人嗅出浓浓的美国味道。我们如果把管理的内涵提高，当作文化来看，就会觉得原原本本把美国式管理移植进来，不但水土不服，不符合我们的风土人情，而且久而久之还很可能会毁坏我们固有的文化。我们又将如何向后代子孙做出合理的交代？

发展经济固然是当务之急，但是振兴中华文化想必也是一项不可不急的要务。因此在全球化快速形成的时候，我们对自己的本土化意识实在不应该不特别给予重视。

其实，我们要做的事情十分简单，就是把现代化管理加以必要的调整，使其合乎中国的民族性。其目的同样是为了提升绩效，提高效率，并且增加价值，这并没有什么不好。

我们心知肚明，大家所最关心的还是一些人由于不了解中华民族的特性，才有意无意地希望借由现代化管理的浪潮，把中国人西方化。这些人大多站在西方的角度来检视中国人，不免贬低中国人，甚至把中国人看得一文钱也不值。

东西文化有所不同，是自古已然的不争事实。管理破坏文化，也是举国同胞必须共同关心的课题。我们深深盼望，管理界人士能够多多注重我们自己的文化，这也是中华民族不忘根本的一个具体表现。

特别是风水轮流转，现在正好转到我们当运的时代。时势对我们十分有利，在此情形下不如放手让时势来创造英雄，也就是顺着时势来缔造自己的企业。

尊重人性，以人为本；继旧开新，与时俱进；管理合理化，使大家乐在工作，这一切主张都是随手可成。相信大家在工作之余，都将心存感激，努力促使企业生生不息。

管理科学可以学，管理硬件也可以放心地学，而且保证我们会学得很好。但对管理哲学就一定要善加保持，力争开发出能够适应我们自己风土人情的管理软件。以中国管理哲学来妥善运用现代化管理科学，这才是真正的中国式管理，才是中国的领导艺术。早一天实现这一梦想，大家就能早一天享受到愉快的生活。

与大家共勉之。